Sin el permiso previo y por escrito de los titulares
del copyright, queda rigurosamente prohibida
la reproducción total o parcial
de esta obra por cualquier medio o procedimiento,
incluidos la reprografía y el tratamiento informático.
Podrán emplearse citas literales
siempre que se mencione su procedencia.

Ilustración
Rosario Cáceres

Coordina la colección
Esperanza Fabregat

Diseño
Alfonso Méndez Publicidad

Edición y producción
Eva Melgar

Impresión
Brosmac, S.L.
Villaviciosa de Odón (Madrid)

Depósito Legal: M-49801-2000
ISBN: 84-896-5537-5
© Montserrat del Amo
© de la edición en castellano
DYLAR Ediciones
Tel.: 902 44 44 13
e-mail: dylar@dylar.es
www.dylar.es

Animal de compañía

MONTSERRAT DEL AMO

ediciones

Montserrat del Amo

Montserrat es madrileña, escritora y licenciada en Filosofía y Letras, sección de Literatura Hispánica.

Lectora apasionada desde niña, a los quince años se presentó por primera vez a un concurso literario. Publicó su primera novela a los veinte y desde entonces ha publicado más de 50 obras de todo tipo.

Especialmente dedicada a la literatura infantil y juvenil, ha conseguido los premios más importantes (Nacional de Literatura Infantil por *El Nudo*, Premio Lazarillo por *Rastro de Dios* o CCEI por *La casa pintada*). Pero Montserrat, además, se interesa activamente por la animación a la lectura y participa en numerosos encuentros, conferencias y cursillos.

Rellena tu ficha

La autora de *Animal de compañía* se llama Montserrat del ama.......... y es una autora veterana, porque ha escrito ya más de 50.................. obras de distintos géneros.

Lo que más le interesa es la literatura infantil y ha conseguido varios premios. Uno de ellos es .....C.C.E.L.........., que obtuvo por su obra ....
....

Además, procura participar en distintos encuentros y cursillos sobre .....conferencias...... para conseguir que niños y maestros se encariñen con la literatura.

El anuncio

Tarde de invierno, a la salida de la escuela.

Mario y Raúl, el pequeñajo y el grandullón de la clase, vuelven juntos a casa.

La verdad es que no se puede decir que vayan juntos: por cada diez zancadas de Raúl, Mario tiene que echar una carrerilla para alcanzarle.

—¡Eh, no tan deprisa! –protesta el pequeñajo.

Raúl reduce la marcha, pero enseguida vuelve a sus zancadas.

Al llegar a la plaza, Raúl se para a esperar a su compañero y le grita, señalando a lo alto:

—¿A que no agarras eso?

Antes de enterarse de qué se trata ni de mirar en dónde está, Mario responde:

—¡A que sí!

Porque Mario nunca rechaza un desafío, aunque salga perdiendo casi siempre. Fracasar le da igual, o al menos lo soporta. Lo que importa es el juego.

—Está bien. Cógelo. ¿A que no lo alcanzas? —insiste el grandullón.

Mario levanta la cabeza. ¿Qué es lo que señala Raúl? ¿Una piña, una rama seca, una serpentina, una bolsa de plástico que salió volando y se quedó colgada de una rama por encima de sus cabezas?

No. Es una hoja de papel pegada cuidadosamente con celo en el tronco de un árbol. Es blanca, no muy grande, escrita con letras negras y rojas. Y está muy alta.

Mario calcula la altura y Raúl se impacienta.

—¡Venga! ¡Arráncala! ¿A qué esperas?

Sin apresurarse, Mario se quita la mochila del cole, la deja en el suelo cerca del árbol, se sube encima, levanta el brazo, palpa el tronco... pero ¡nada!

Ni siquiera llega a rozar el papel con la punta de los dedos.

—Ya me lo parecía a mí: no alcanzas. En cambio yo –presume Raúl– ¡ya verás! sin estirarme siquiera...

El grandullón se dispone a hacer una demostración de altura, pero Mario le detiene:

—¡Espera!

El pequeñajo no ganará, pero tampoco se rinde a la primera.

Trepar no puede, porque el tronco es demasiado grueso. Tal vez, enganchando una cuerda en una rama... Pero no hay cuerdas a mano y el cinturón se queda corto.

Después de varios intentos, Mario se encarama en el banco más próximo, alarga el brazo, se inclina hacia adelante, pierde el equilibrio, manotea en el aire... y se cae de narices.

—¡Patatrás! –grita Raúl–. O más bien, ¡patalante! Lo que yo decía, que no lo alcanzas. ¿Te has convencido ya, pequeñajo?

Mario no ceja.

—Todavía no.

Ahora empieza a dar saltos alrededor del árbol, tratando de alcanzar el papel. Se le arañan las manos y la cara con la áspera corteza, resbala, vuelve a saltar, roza el papel, lo agarra por una punta... y lo arranca de un tirón.

—¡Ya lo tengo!

Sí. Ya lo tiene: medio roto, arrugado, con tiras de celo colgando por los lados, pero en su mano.

Mario agarra su trofeo, lo ondea en el aire en gesto de triunfo como si fuera un banderín, y grita:

—¡Lo conseguí!

Y le restriega a Raúl el papel por la cara.

—¿Lo ves? ¿Lo estás viendo?

—Pues no, no lo veo –replica Raúl, quitándole importancia al trofeo victorioso de Mario y mostrando un repentino interés por las frases que aparecen escritas en el papel–. No sé qué pone en esas

letras, y no podré saberlo si no me lo dejas leer. ¿Qué pone ahí?

Raúl alarga la mano, pero Mario hace un regate.

—¡Ah, no! ¡Eso sí que no! ¡El papel es mío!

Mario no está dispuesto a dejárselo arrebatar. Es su trofeo. Lo necesita como prueba; para recordar después, mañana, la semana que viene, dentro de mucho tiempo, que una vez, al menos una vez en su vida, aceptó el desafío del grandullón y dio un salto y se arañó las manos y la cara, pero logró el triunfo.

Que al menos una vez, una tarde de invierno a la salida de la escuela, Mario, el pequeñajo, alcanzó lo que parecía inalcanzable.

Raúl se impacienta.

—¡Venga! ¡Dámelo! ¡Déjame que lo lea!

Mario arruga el papel, aprieta el puño y sale corriendo.

—¡Mira! ¡Aquí lo tengo! Ven a buscarlo si tanto te interesa.

Envalentonado por su anterior triunfo, ahora es Mario quien lanza el desafío:

—¿A que no me lo quitas?

Pero Raúl lanza una mirada a su alrededor y se encoge de hombros.

—No necesito tu papel –dice despectivamente–. ¡Hay muchos por aquí!

Muchos no, pero sí tres o cuatro más, pegados en algunos árboles de la plaza.

—Si quiero, cojo otro –remacha Raúl.

Hubiera sido más divertido forcejear por el papel, rasgarlo en la pelea en mil pedazos, recogerlos después y reunirlos sobre un banco, como si fuera un rompecabezas, para leer juntos lo que ponía, pero Raúl no entra en el juego.

Mario se rinde y se acerca.

—Mira. Es un anuncio.

—¿Y qué pone?

—«He perdido a mi perro» –dice Mario leyendo.

—Eso no es un anuncio, es una noticia –comenta Raúl–. Y a mí no me interesa.

—¿No te gustan los perros?

—Mucho. Pero en mi casa no admiten perros, así que yo me largo, que si me retraso, mi madre se lía con la lavadora o con la cena y ya no tiene tiempo para ayudarme a hacer las tareas. Tengo que llegar justo cuando se está tomando un cafelito.

A Mario le da igual llegar pronto que tarde: nadie le ayuda.

Decidido a continuar su camino, Raúl insiste:

—¿Te vienes?

—No. Antes quiero leer el anuncio.

—Pues yo no espero más, así que ¡hasta mañana! –dice Raúl, y se larga.

Mario se queda solo sin remedio, pero prefiere la soledad de la calle a la soledad de su casa.

Recoge la mochila, se sienta en el banco, estira el papel y le echa una ojeada. Está escrito a mano, con bolígrafo negro y rojo, y se lee muy bien porque la letra es grande y clara.

Sí, parece un anuncio, pero es muy raro porque no se trata de vender nada. Al contrario: al final, hasta ofrecen dinero.

Mario, tan perezoso otras veces para las letras, se traga éstas de un tirón, las ordena en su cabeza, junta palabras y entiende la frase a la primera.

Arriba, con mayúsculas y entre signos de admiración, pone:

«¡¡HE PERDIDO A MI PERRO!!»

Después, en letra más pequeña:

«Mi perro es un setter de tamaño pequeño, color castaño, con manchas negras en las patas delanteras. Tiene el pelo largo, que le tapa los ojos, el hocico fino y las orejas grandes. Es obediente, tranquilo y cariñoso. Atiende por Ñak. Si lo encuentras, llama a este teléfono y pregunta por Sofi. Daré recompensa».

Tras el teléfono, el anuncio termina con una frase escrita en rojo que se destaca en el papel como un grito de pena:

«¡Ayúdame a encontrar a Ñak, porque lo quiero mucho!».

Mario relee el anuncio de cabo a rabo, emocionado. Con el papel en la mano, piensa: «Menuda suerte tiene Ñak, Sofi lo quiere muchísimo».

15

Después de repasar los datos, dobla cuidadosamente el papel, se lo guarda en el fondo de la mochila y empieza a buscar a *Ñak* por los alrededores.

Gatos sueltos hay muchos por allí, pero por más vueltas que da Mario, no se tropieza con ningún perro perdido. ¡Con lo que le hubiera gustado encontrar a *Ñak* y llevárselo a Sofi!

Pero ya es de noche y hace frío.

Cansado de buscar a *Ñak* inútilmente, Mario se echa la mochila a la espalda y se dirige a su casa arrastrando los pies, con la cabeza gacha.

2

El parecido

Mamá pregunta desde la cocina, al oír la puerta:

—Mario, ¿eres tú?

—Sí, mamá.

—¿Qué hora es?

—Las ocho y media.

—¿Las ocho, ya? ¿Y dónde te has metido desde las cinco?

Mamá pregunta por preguntar, como hace siempre, pero no espera una respuesta. Dice seguidito:

—Aquí está tu merienda. Puedes tomarla en el salón y poner la tele si quieres, pero ¡cuidadito con manchar el sofá!

El bocadillo es de chorizo, seguro. De los chorizos que manda la abuela desde

el pueblo, con mucho pimentón y chorreando grasa por todas partes. Cuando mamá se preocupa del sofá, es que el bocata es de chorizo.

Mario entra en la cocina.

Allí está la merienda —con el pan un poco reseco porque lleva cortado desde mediodía—, en una esquina de la mesa en la que mamá está echada de bruces, entre un montón de cacharros sucios, adormilada pero, al menos hoy, despierta todavía.

Mamá levanta la cabeza y pregunta:

—¿Qué tal por el colegio?

Mario se acerca ilusionado.

Puede que hoy mamá escuche su respuesta. Puede que sus palabras sean hoy el principio de esa charla que Mario desea y espera todas las tardes al volver a casa.

Y hasta puede que hoy mamá se encuentre con ánimos para calentar un poco de leche o para hacer una cena de verdad, con sopa y tortilla, como las que preparaba antes, cuando aún tenía trabajo y papá no viajaba y cenaban los tres juntos todas las noches entre charlas y risas. Pero no.

Mamá vuelve a apoyar su cabeza entre los brazos y dice:

—A estas horas se te junta la merienda con la cena. Coge de la nevera un flan o un yogurt o lo que quieras y vete al salón, que a mí me duele la cabeza y no tengo ganas de nada.

Mario saquea la nevera, llena la bandeja de provisiones y se va al cuarto de estar-comedor-leonera, todo en una pieza que mamá llama pomposamente «el salón», y acampa en la alfombra. Pero no se apresura a abrir la bolsa de patatas fritas o a atacar ferozmente el bocadillo, porque, a sus preocupaciones de siempre, se añade hoy el asunto del anuncio.

Lo busca inútilmente en sus bolsillos.

—Pues lo guardé, seguro —murmura, temeroso de haberlo perdido.

Se quita la mochila, saca los libros y revuelve en el montón de cosas raras que se han acumulado allí sin saber cómo: cromos, piedras, palitroques, bolsas de chucherías vacías... Allí está también el papel arrancado del árbol de la plaza.

Sin necesidad de releerlo, Mario ya sabe lo que dice.

Tanto como le cuesta aprender las lecciones de la escuela, y ahora resulta que las palabras del anuncio se le han metido sin estudiarlas en la cabeza y se las sabe de memoria: que Sofi ha perdido a su perro y que lo quiere mucho. Seguro que esta noche Sofi se siente sola y triste.

Mario sabe lo malo que es eso. Le gustaría hablar con ella y consolarla. O mejor todavía, ofrecerle un nuevo animal de compañía. Un gato, por ejemplo.

En el barrio hay muchos gatos sin amo: merodean por las calles, escarban en los cubos de basura en busca de comida y se acurrucan para dormir al calorcito del motor de un coche recién aparcado. Cuando se enfría ese motor, cambian de sitio, y se pasan la noche de coche en coche y de cubo en cubo.

A Mario no le sería muy difícil atrapar un gato, meterlo en la mochila y llevárselo a Sofi.

Pero puede que a Sofi no le gusten los gatos. Que prefiera los perros, que son más cariñosos. A un perro se le puede sacar de paseo y soltarlo en el parque, y tirarle un palo a lo lejos para que corra y se lo traiga al amo, y pasarle la mano por el lomo, y rascarle entre las orejas, y...

Mario vuelve a pensar en el anuncio y empieza a recitarlo de memoria:

—¡¡He perdido a mi perro!!

Lo dice fuerte, con tono de tragedia, modulando como en el teatro.

Levanta la cabeza y se mira en el espejo grande del salón. Con la primera ojeada se desilusiona, porque ese pequeñajo despeinado que es él mismo no tiene pinta de actor. Pero de pronto da un salto, se coloca de frente y se contempla con interés creciente: acaba de descubrir que se parece muchísimo al perro perdido.

Murmura bajito, comparando su imagen reflejada en el espejo con las señas que da Sofi en el anuncio.

—Mi perro es... de tamaño pequeño, color castaño... con manchas negras en las patas delanteras. Tiene el pelo largo, que le tapa los ojos...

Frente al espejo, Mario se compara con las señas del perro perdido.

Raúl no. Raúl no se parece en nada a Ñak, porque es alto y fuerte. Pero Mario es el pequeñajo de la clase: puede decirse que es de «tamaño pequeño» para su edad.

Además, Raúl es rubio y va siempre muy bien peinado, mientras que Mario tiene el pelo castaño oscuro.

Ahora lo lleva muy largo porque la semana pasada se gastó en chucherías el dinero que le dejó su padre para ir a la peluquería, lo que a Mario le parece un despilfarro cuando se puede recortar el pelo uno mismo con las tijeras de la cocina... a trasquilones.

Hasta que no vuelva papá, ponga el grito en el cielo y se lo lleve a rastras a la peluquería, no habrá corte. Mario se encuentra en el espejo con el pelo igualito al del perro perdido.

Los pelos del flequillo le llegan hasta la punta de la nariz y le taparían los ojos si no se los echara para atrás continuamente.

En cuanto al color de las patas delanteras, no hay problema.

A Raúl le duran mucho tiempo las manos limpias, pero las manos del pequeñajo están ahora mismo manchadas de barro, de bolígrafo, de regaliz, de pintura, de chorizo... «¡Menuda suerte! También me parezco a *Ñak* en las manchas de las patas delanteras», piensa.

El anuncio da más detalles todavía.

«...el hocico fino y las orejas tiesas».

Mario se acerca al espejo. El hocico le falla, pero sí que tiene unas orejas de soplillo que le asoman entre la pelambrera.

«Es obediente, tranquilo y cariñoso», añade el anuncio.

Mario no sabe si es cariñoso o no, pero la verdad es que está hambriento de cariño. Tranquilo, es regular y obediente poco, hay que reconocerlo.

Pero haciendo un esfuerzo...

El anuncio no dice nada sobre ladridos. Los perros pequeños suelen lanzar ladridos cortos y agudos, aunque también hay algunos diminutos que ladran muy fuerte y otros grandes que no asustan a nadie.

¿Cómo serán los ladridos de Ñak?

Sin darse apenas cuenta, Mario empieza a ensayar ladridos.

Primero flojitos, de perro chico:

—¡Bua! ¡Bua!

Después, más fuertes:

—¡Guau! ¡Guau!

Como le salen bastante bien, se anima y acaba lanzando aullidos de lobo:

—¡Hauuuuuuuu! ¡Hauuuuuuuu!

Mamá protesta desde la cocina:

—¡Mario, baja la tele! ¿No sabes que a estas horas siempre me duele la cabeza?

Mario cierra la boca y en el silencio de la casa sigue pensando en Sofi y en el perro perdido.

Y de pronto se le ocurre una idea genial, un invento, un juego que puede resultar muy divertido. Puede que no funcione, pero nada se pierde por probar. Y, como no piensa reclamar la recompensa, nadie podrá tacharle de estafador o aprovechado.

Mario se lanza al teléfono, pero antes de marcar el número de Sofi se da cuenta de que ahora no es un buen momento. Mamá no se ha dormido todavía, o se despertó con los ladridos, y en cuanto oiga el ruido querrá saber a quién está llamando su hijo por teléfono.

Dirá que el teléfono es para dar recados y no para charlar con los amigos, que la factura sube sin sentir y que papá repite que hay que mirar la peseta, ahora que ella está en paro y sólo entra un sueldo en casa.

Mejor será llamar mañana por la tarde, a la salida del colegio y desde una cabina pública, para poder hablar con Sofi todo el tiempo que sea necesario hasta ponerse de acuerdo.

Mario repasa por última vez ante el espejo su parecido con el perro perdido siguiendo los datos del anuncio.

Todo encaja hasta llegar a «atiende por Ñak».

La verdad es que Mario y *Ñak* son dos nombres que no se parecen en nada, pero es un detalle sin importancia y de muy fácil solución... a Mario no le importaría nada que Sofi lo llamase *Ñak* en adelante.

¿No se cambian mil veces los nombres en los juegos?

Pluma de Águila, Rambo, Supermán, Robinsón, Capitán Trueno...

El nombre no es problema.

La llamada

¡Tantas prisas como tiene siempre Raúl a la salida del colegio y hoy no hay medio de darle el esquinazo!

Mario camina más despacio que nunca, se para en todos los escaparates, remolonea, pero no consigue despegárselo.

El pequeñajo echa a correr de pronto, a la desesperada, pero el grandullón le alcanza en dos zancadas y le agarra por el cogote.

—¡Eh! ¿Adónde vas?

Raúl aprieta con la mano y Mario no tiene más remedio que contestarle.

—A hacer una llamada por teléfono desde una de las cabinas de la plaza.

—¡Buena gana de tirar el dinero! Llama desde tu casa.

—No puedo.

—¿Por qué?

—Porque mamá me hace colgar enseguida y esta vez necesito usar el teléfono un buen rato. Además, no quiero que nadie se entere de lo que hablo. Es un secreto.

—¿Y de qué se trata?

—¡A ti no te importa! –replica Mario.

Pero a Raúl le pica muchísimo la curiosidad. Insiste, más y más intrigado:

—¿Es algo del colegio y de las notas?

—No.

—¿Entonces...?

—No te lo pienso contar. Es un invento. ¡Un juego nuevo! Y no me entretengas más, que quiero hacer la llamada cuanto antes.

—Pues te acompaño.

Para que no se le escape de nuevo, Raúl no le suelta ni cuando echan a andar.

—¡Eh! ¡Que me haces daño! –protesta Mario, rascándose el cogote. Raúl afloja la garra y sigue preguntando:

—¿Después te vienes conmigo para el barrio?

—No sé. Depende.

—¿De qué?

—Del resultado de la llamada.

La conversación ha entrado en punto muerto. Raúl y Mario caminan en silencio hasta llegar a la plaza.

La primera cabina que les sale al paso está ocupada y en la segunda el teléfono no funciona.

—¡Menos mal que no se ha tragado la moneda! –comenta Mario tras unos instantes de pánico.

Corren a la tercera cabina y, cuando ya están dentro, un señor intenta echarles de malos modos:

—¡Chicos! ¡A jugar a la calle! ¡Largo de aquí, que tengo que hacer una llamada!

Los chicos defienden sus derechos.

—Nosotros también. ¡Y hemos llegado antes! –replica Raúl.

—Y vamos a tardar, se lo aviso –advierte Mario.

Cierra la puerta dando por terminada la discusión y marca un número de memoria.

—¿A quién llamas? —pregunta Raúl, cada vez más intrigado.

—A Sofi.

—¿Quién es Sofi?

—La del anuncio de ayer, la del perro perdido... Pero ¡claro! No sabes nada. ¡Como tenías tanta prisa! Ahora calla, que descuelgan. Después te explico.

Por suerte para Raúl, quien está al otro lado de la línea telefónica tiene un vozarrón tremendo y grita que se las pela, de modo que puede enterarse de la conversación completa.

—¡Dígameee...!

Antes de contestar, Mario envuelve el micrófono del teléfono con su pañuelo para enmascarar la voz y comenta:

—Pero oiga... ¡Usted no es Sofi...!

—¡Claro que no! —replica el vozarrón ofendido—. Pero este es su teléfono.

—Es que yo llamaba por lo del perro...

Mario no puede seguir, porque le interrumpe una risa irónica.

—Di mejor que llamas por la recompensa.

—¡No, señor! Yo no busco dinero —protesta Mario.

—Pues serás el único. Porque hay mucho listorro por ahí suelto que quiere sacar la recompensa con engaños. Preguntan la dirección y se presentan aquí con un perro que no se parece a *Ñak* ni de lejos.

—Pues yo le aseguro que ... ¡Bueno! Que yo puedo llevar uno que se parece muchísimo —explica Mario titubeando.

—Eso habría que verlo. Porque a Sofi, puede; pero yo soy perro viejo y a mí no hay quien me engañe.

—¡Oiga, que yo no quiero engañar a nadie! —protesta Mario—. Llamo a Sofi porque está triste y... ¡Dígale que se ponga!

—No está. Precisamente ha salido a ver un perro que se acaba de encontrar un guarda en el parque.

—¡Qué lástima! —suspira Mario.

Vuelve a sonar la risita irónica y la voz del viejo, que comenta:

—Lo que me temía. Que tú llamabas por la recompensa. ¡Listo!

—Que no, señor, que yo no soy nada listo… —protesta Mario.

—¡No digas eso, no se vaya a creer que eres tonto! —le murmura Raúl en el oído libre.

Pero Mario se encoge de hombros. A él no le importa parecer tonto o listo, sino dejar bien claro el motivo de su llamada.

—La verdad es que yo no he encontrado a *Ñak*; ni le he visto siquiera.

—¡Ya!

—Llamaba para ofrecerle a Sofi un nuevo animal de compañía.

La voz del viejo cambia de tono.

—Perdona, chico. He sido injusto contigo. Comprendo que tu intención era buena, pero llegas tarde. Sofi acaba de recuperar a *Nak*. Ya le oigo ladrar en la escalera. ¡Ya están aquí los dos! ¡Espera, que voy a abrirles la puerta!

Mario permanece a la escucha. El invento era genial, pero ni siquiera ha podido ponerlo en marcha.

Sofi vuelve a estar alegre, pero Mario seguirá tan solo como siempre.

—¿Estás ahí? —la voz del viejo resuena de nuevo en el teléfono—. No cuelgues todavía. Podemos seguir hablando de tu oferta.

Pero el tiempo pasa sin sentir, la moneda cae y la comunicación se corta.

—¿Qué querría decirme el viejo? —se pregunta Mario intrigado.

—Llama otra vez y lo sabremos —dice Raúl.

—No tengo más dinero.

—Pero yo sí. Te pago otra llamada si después me cuentas el secreto.

—De acuerdo —responde Mario.

¡Qué remedio! Raúl echa otra moneda en la ranura y Mario vuelve a marcar el mismo número.

—¡Eh, oiga! ¡Que soy yo! Que estoy llamando desde un teléfono público y...

—Ya te dije que quería seguir hablando contigo —responde el viejo, muy contento—. Sofi no necesita otro animal de compañía, pero a mí me interesa tu oferta. Si es verdad que no pides recompensa...

—¿Es que todavía no me cree? –protesta Mario, dolido.

—Sí, hombre. Te creo. Pero quiero asegurarme de que no voy a meterme en gastos.

—No, señor. Yo no intento sacarle ni una peseta. Mi oferta es gratis.

—Está bien. Y dime: ¿cómo es el...?

—¿El animal de compañía? –se apresura a explicar Mario–. Pues es muy parecido a *Ñak*, ya se lo he dicho. De pelo largo, color castaño, con manchas en las patas delanteras, pequeñajo...

—¿Cuánto mide? –quiere saber el viejo.

—¿A cuatro patas?

—¡Claro!

—Espere, que ahora se lo digo.

Ante el asombro de su compañero, Mario suelta el teléfono, rebusca en su mochila, saca un metro, se lo da a Raúl, se pone a cuatro patas y le ordena:

—¡Mídeme! Del suelo a la espalda. ¡Deprisa! ¿Cuánto pone?

—Cuarenta y cinco centímetros.

—A cuatro patas, el animal de compañía mide cuarenta y cinco centímetros exactamente —repite Mario por teléfono.

—Un poco grande me parece. Pero si no alborota demasiado...

—¡Huy, qué va! Si apenas ladra —responde Mario recordando sus ensayos de la víspera.

—En principio me gusta —dice el viejo—. Pero antes de comprometerme... ¿me lo puedes traer para que lo vea?

—¡Ahora mismo! —responde Mario muy contento—. Dígame. ¿Cómo se llama usted? ¿Y dónde vive?

Le ordena bajito a su compañero:

—Raúl, apunta. Señor Gerardo. Callejón del Burro número tres; entrando por la calle Mayor, tercera bocacalle a la derecha.

Y de nuevo, por el teléfono:

—Muy bien. Espérenos en el portal, que vamos corriendo.

Antes de que pueda despedirse con un «hasta ahora», la moneda cae y la comunicación se corta. ¡Justo a tiempo!

—¿Has anotado bien las señas?

—Sí –responde Raúl.

—Pues entonces, ¡vamos!

Raúl le mira extrañado.

—Antes tendremos que ir por el perro. ¿Dónde lo tienes?

—En ninguna parte –responde Mario, tan tranquilo.

Raúl se queda atónito.

—Pero el animal de compañía…

—¡Existe! Después te lo explico. Y ahora ¡corre!, que nos está esperando don Gerardo.

Mario echa a correr y –¡oh, maravilla!– Raúl le obedece. Esta vez el pequeñajo abre camino y el grandullón le sigue pegado a sus talones.

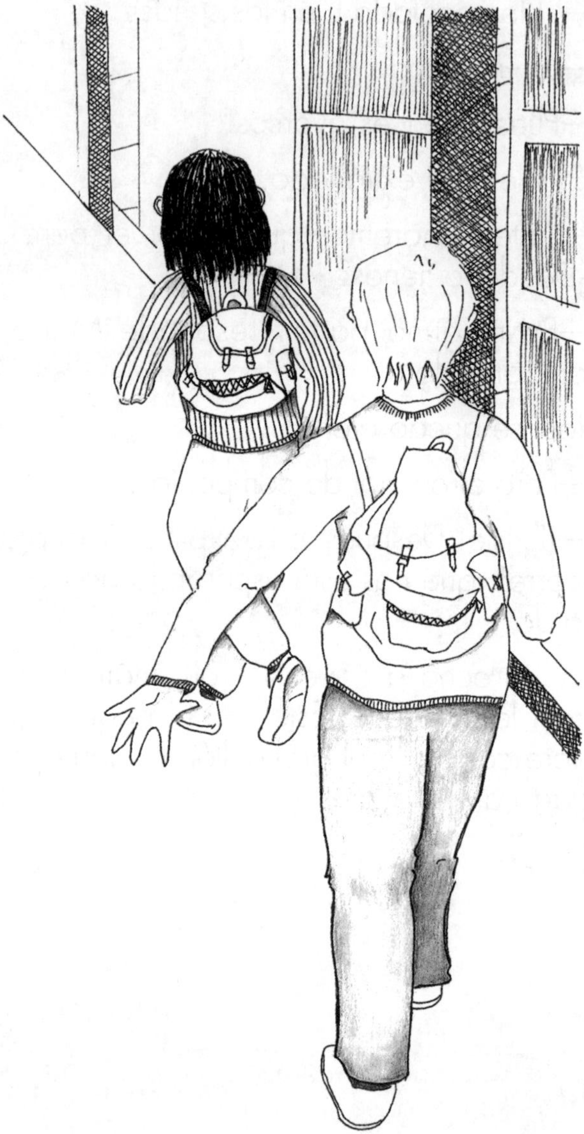

4

El encuentro

Al señor Gerardo siempre le han gustado las gangas y no va a dejar escapar la oferta del día: ¡un animal de compañía gratis! ¡Ahí es nada!

Cuelga el aparato, le pasa la mano por el lomo al recién recuperado *Ñak*, pensando que ya no tendrá que envidiarle a su vecina un perro tan precioso, y se despide rápidamente de Sofi.

—Como ya no me necesitas para atender el teléfono, me marcho.

—¿No le apetece un cafelito? –replica Sofi–. En cuanto bañe a *Ñak* y le dé de comer, que hay que ver cómo está el pobrecito, preparo la cafetera. Tengo galletas de coco, de las que a usted le gustan.

Al señor Gerardo le parece un despilfarro rechazar cualquier invitación, pero esta vez responde:

—Guárdamelas para otro día.

—Pero, ¿qué prisa tiene?

Mucha. El señor Gerardo quiere estar en el portal aguardando al de la oferta.

Desconfiado todavía, no quiere hablarle a Sofi del asunto, no vaya a resultar una engañifa.

Se encoge de hombros y repite:

—Lo dicho. Que aquí ya no pinto nada y me marcho.

Abre la puerta y sale.

—Pero, ¿qué mosca le ha picado? Espere al menos que le encienda la luz, no se vaya a caer por la escalera y baje rodando. ¡Ah! ¡Y muchas gracias por atender el teléfono en mi ausencia! –grita Sofi.

El señor Gerardo responde desde la oscuridad del patio.

—De nada. ¡Y a mandar, que para eso estamos los vecinos, para echar una mano cuando hace falta!

Mientras Sofi le gana a *Ñak* la batalla de la limpieza, el señor Gerardo cruza el patio y espera en el portal. El de la oferta tarda. El viejo sale unos pasos, llega hasta la esquina de la calle Mayor, aguarda un buen rato, se impacienta y piensa: «Dijo que vendría enseguida y no aparece. ¿Se habrá arrepentido de su oferta? ¡Ya me parecía a mí demasiada ganga para ser cierta!».

Cuando está a punto de subirse a su casa, el señor Gerardo ve aparecer a dos chiquillos, uno grandullón y otro más pequeñajo, que se paran a leer en voz alta el letrero de la esquina:

—Callejón del Burro.

—¡Aquí es!

¿Unos niños? ¡Qué raro! El del teléfono hablaba con una voz extraña, pero parecía una persona mayor. Por si acaso les pregunta a gritos:

—¡Eh, chicos! ¿Buscáis a alguien?

—¡Sí! Al señor Gerardo.

—Pues ya lo habéis encontrado. Soy yo.

El viejo y los niños se miran atentamente a cierta distancia. Los niños con curiosi-

3

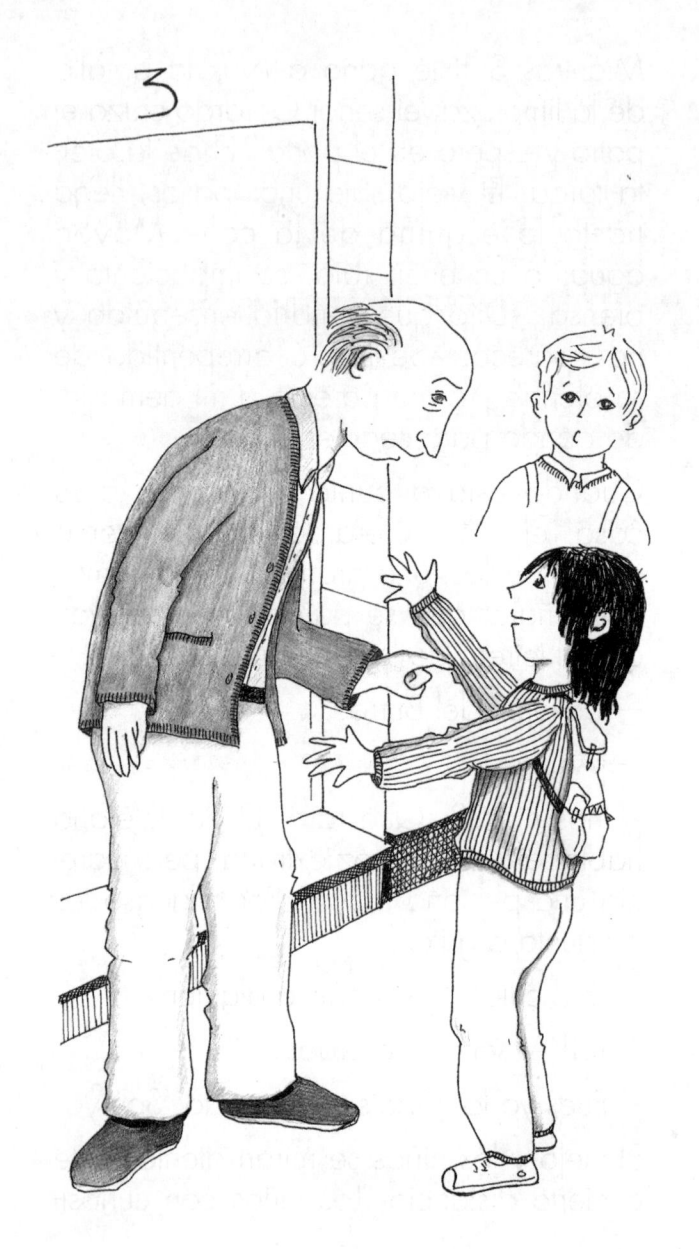

44

dad, el señor Gerardo con desconfianza: el perro prometido no aparece por ninguna parte.

—¿Quién de vosotros es el que ha hablado conmigo por teléfono?

—Yo –responde el pequeñajo, adelantándose.

—¿Y qué es lo que pasa? ¿Que de lo dicho no hay nada?

La desilusión le duele al señor Gerardo, que grita furioso:

—¡Pues ya os estáis largando de aquí con viento fresco! ¡Estafadores! ¡Granujas! ¡Mentirosos!

El grandullón escapa corriendo, pero el pequeñajo aguanta el chaparrón sin retroceder ni un paso y replica:

—Que no, señor, que yo no le engaño. Que he venido a cumplir mi palabra.

—¿Sí? Pues, ¿dónde está el perro? ¿Qué esperas para dármelo? –pregunta el señor Gerardo.

—Un momento. Hablemos con calma. La verdad es –dice el pequeñajo con aplomo– que yo no le he ofrecido a usted un perro, ni un gato, ni un pájaro... Sólo un animal de compañía... y se trata de uno muy especial.

—¿No será una pulga amaestrada? —pregunta entre intrigado y burlón el señor Gerardo.

—Una pulga amaestrada, tampoco. El animal de compañía que yo le ofrezco es... ¡Bueno!, soy... ¡Yo mismo! —aclara por fin el pequeño.

—¿Tú? —ruge el señor Gerardo, no ya enfadado, sino de puro asombro.

—Sí, señor —repite muy en serio el pequeñajo.

El señor Gerardo le mira con la boca abierta...

—Espera, acércate al farol y deja que te vea bien. Tu mirada, tus gestos, tus palabras... parecen de fiar. Tú no querrás burlarte de un pobre viejo, ¿verdad que no?

—No, señor.

—¿Estás seguro de que tú quieres ser un animal de compañía?

—Sí, señor.

—¿Y de dónde has sacado semejante idea?

—Del anuncio de Sofi. Al leer el anuncio empecé a pensar que yo podía ser un buen animal de compañía. Mejor que un perro. Sé correr y jugar y recoger un palo y ladrar de tres modos distintos, a gusto del amo: ¡Bua! ¡Guau! ¡Hauuuu! Bueno... Todavía no me sale muy bien, pero ensayando... Sería como un juego. Yo jugaría a ser animal de compañía y usted jugaría a ser el amo. ¿Qué le parece?

El señor Gerardo sonríe y Mario se pone serio.

—A mí me sobra mucho tiempo por las tardes, a la salida del colegio —continúa diciendo—. A esas horas a mi madre le duele la cabeza o se duerme. Apenas me mira y casi no me habla. Mi padre tiene que viajar, por su trabajo, y no para en casa. A nadie le importa si llego pronto o tarde.

El señor Gerardo adivina lo que hay detrás de esas palabras —la soledad de un niño, más triste que la soledad de un viejo— y se le hace un nudo en la garganta.

El niño continúa, ilusionado.

—El anuncio pone que Sofi quiere mucho a *Ñak*. Seguro que le rasca las orejas. ¡Y a mí me gustaría tanto que alguien me rascara de vez en cuando detrás de las orejas...!

La voz del niño cambia de tono bruscamente:

—Pero si Sofi ya ha encontrado a *Ñak* y yo a usted no le gusto... –dice Mario dando por terminada la charla.

Pero el señor Gerardo le detiene.

—¡Espera! Que hablando se entiende la gente, y yo aún no he dicho la última palabra. Pero ¿tú lo has pensado bien? ¿Estás seguro de que quieres ser animal de compañía? ¿Gratis?

—Sí, señor. Todas las tardes, de cinco a nueve.

El señor Gerardo se decide.

—Pues entonces, de acuerdo. Ven mañana a las cinco para probar, y después ya veremos.

El niño salta de alegría.

—¡Estupendo! ¿Sabe? Yo atiendo por Mario, pero me puede usted llamar *Leal*, o *Chico*, o *King*, o como quiera. Usted es el amo.

El señor Gerardo sonríe y le rasca al niño la oreja derecha, bajo la pelambrera.

—Mario me gusta –dice emocionado, pero procurando disimular sus sentimientos. La voz le sale tan ronca por la emoción que cualquier otro niño hubiera salido huyendo; pero Mario sonríe, entrecierra los ojos de puro gusto, y le dice a su compañero:

—¿Oyes, Raúl? ¿Lo estás oyendo? ¡Que sí! ¡Que el señor Gerardo sí me quiere como animal de compañía!

El grandullón comenta:

—¡Chico! ¡Menuda suerte!

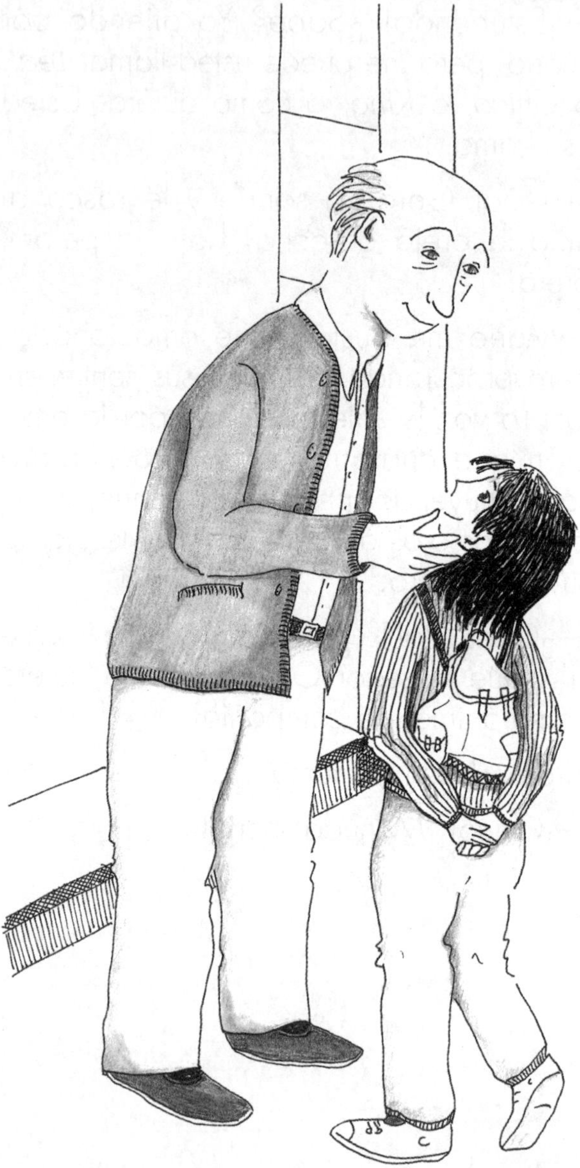

5

El primer paseo

—Que no. Ya te lo he dicho. Que no quiero que vengas conmigo –le dice Mario a Raúl a la salida de la escuela–. Que hoy es el primer día y tengo que ir yo solo a buscar al señor Gerardo.

Raúl lo tiene todo: una hermanita preciosa que parece una muñeca, una mamá que le ayuda a hacer los deberes, un papá que le lleva al fútbol y unos abuelos de domingo. ¿Qué más quiere?

Ahora que Mario está a punto de conseguir un amo que le lleve de paseo, no quiere arriesgarse a perderlo. Porque todavía no lo tiene seguro. Falta la decisión final: el señor Gerardo no había dicho ni que sí ni que no. Sólo «ven mañana a probar y ya veremos».

¡Veremos! Una palabra que Mario ha oído muchas veces, sin que después se viera nada. Por eso tiene miedo.

—Compréndelo, Raúl. El señor Gerardo quiere un animal de compañía, no dos –le dice a su compañero.

Pero piensa para sus adentros: «¿Y si al final lo prefiere rubio y con las manos limpias, como Raúl? Mejor que no lo vea de cerca».

Añade en voz alta:

—¡No me voy a presentar en el Callejón del Burro con toda la patulea!

—Con toda la patulea, no –insiste Raúl–. Pero yo puse la moneda de la segunda llamada por teléfono y estoy en el secreto.

¡Lo que faltaba! ¡Que Raúl le amenace ahora con contarlo a los cuatro vientos! Si se enterrara todo el mundo, sería una catástrofe. Se estropearía el invento y se terminaría el juego.

—Y lo sigues estando –le dice Mario, muy amable, para engatusarle y que se calle–. Mañana te lo contaré. Y ¿quién sabe?, hasta puede que algún día el señor Gerardo te invite a acompañarnos.

Mario echa a andar, pero Raúl no se le despega.

—¡Vete, que hoy no puedes venir conmigo!

—¿Que no puedo? ¡Ya verás como sí! —replica Raúl—. La calle es de todos.

A Mario ni le gustan las peleas ni tiene fuerzas para liarse a mamporros con Raúl. Se encoge de hombros y se echa a andar, sintiendo a sus espaldas las pisadas de su compañero, que le sigue al Callejón del Burro y continúa espiándole cuando, después de saludar al señor Gerardo, se dirige al parque acompañado del recién estrenado amo.

Al llegar al primer semáforo, el señor Gerardo le tiende la mano a Mario, que se hace el desentendido y cruza corriendo en cuanto se pone verde.

El señor Gerardo, sin moverse del bordillo, le ordena con vozarrón de amo absoluto:

—¡Eh, tú! ¡Vuelve aquí ahora mismo!

Mario se queda quieto, desafiante. ¡Como si él no supiera cruzar la calle a estas alturas!

Durante unos instantes los dos se miran atentamente de acera a acera. Mario piensa que su amo es mucho más viejo de lo que parecía ayer. El señor Gerardo, por su parte, cree que el animal de compañía es mucho menos obediente de lo que prometía por teléfono.

—¡Aquí, a mi lado ahora mismo! —vuelve a gritar el señor Gerardo con voz de trueno—. ¿No me has oído?

Mario pone mala cara y retrocede. ¡Qué remedio! Cuando lo tiene al lado, el amo le dice al oído:

—Cruzar la calle, de la mano siempre. ¿Te enteras?

Mario protesta:

—¡Pero si voy y vengo del colegio yo solito, desde primero!

Pero el señor Gerardo se ha tomado su papel de amo al pie de la letra y dice con un tono que no admite réplica:

—Eso no importa. Está mandado por las ordenanzas municipales que los animales de compañía tienen que ir por la calle con correa. Así que ya lo sabes: o de la mano o atado. Como tú prefieras.

Mario se resiste a obedecer porque sabe que Raúl no les pierde de vista y se reirá de él si le ve cruzar despacio y de la mano, como un niño pequeño. Refunfuña:

—Pero...

—No hay pero que valga. Son las reglas del juego. Hay que obededecerlas.

El señor Gerardo piensa: «Lo que yo me temía. La doma del cachorro va a ser dura. ¡Estos chicos de ahora...! Pero es preciso que aprenda a obedecer a la primera».

Vuelve a sacar el <u>vozarrón</u> y dice:

—¿No me has oído? Si me quito el cinto...

¿Para pegarle, o para atarle? Ante la duda, Mario agacha la cabeza y se deja atrapar, entre rebelde y asustado, por la mano del amo, que le siente temblar y se enternece.

—¡Pero chico! ¡Si estás tiritando! ¿Tienes frío? ¡La culpa es de esos chándales de chichinabo que usáis ahora! ¡Donde estén unos buenos pantalones de pana y una bufanda! Ven, que te caliente.

¿Calentar? ¿Con el cinto?

No hay peligro. El amo ya no está enfadado. Se quita del cuello una bufanda gris, de lana áspera, y se la pone a Mario. Le agarra de las manos, se las frota entre las suyas y las mete después, las dos juntas, en el bolsillo del abrigo; y le lleva así, andando por la acera de lado y medio a rastras, hasta que se terminan los semáforos.

En el parque le suelta.

—Vamos a echar pan a los patos.

«Lo del palito hubiera sido más divertido —piensa Mario—. Que el amo me lo tirase lejos para que yo fuera a recogerlo y se lo trajera corriendo, en la mano o en la boca, como quisiera. A correr no hay quien me gane. Pero ir despacito hasta el estanque de los patos...»

Raúl comenta desde unos pasos de distancia, fuerte, para que pueda oírlo Mario:

—¡Vaya plan!

Y se larga.

Mario sigue al señor Gerardo hasta el estanque.

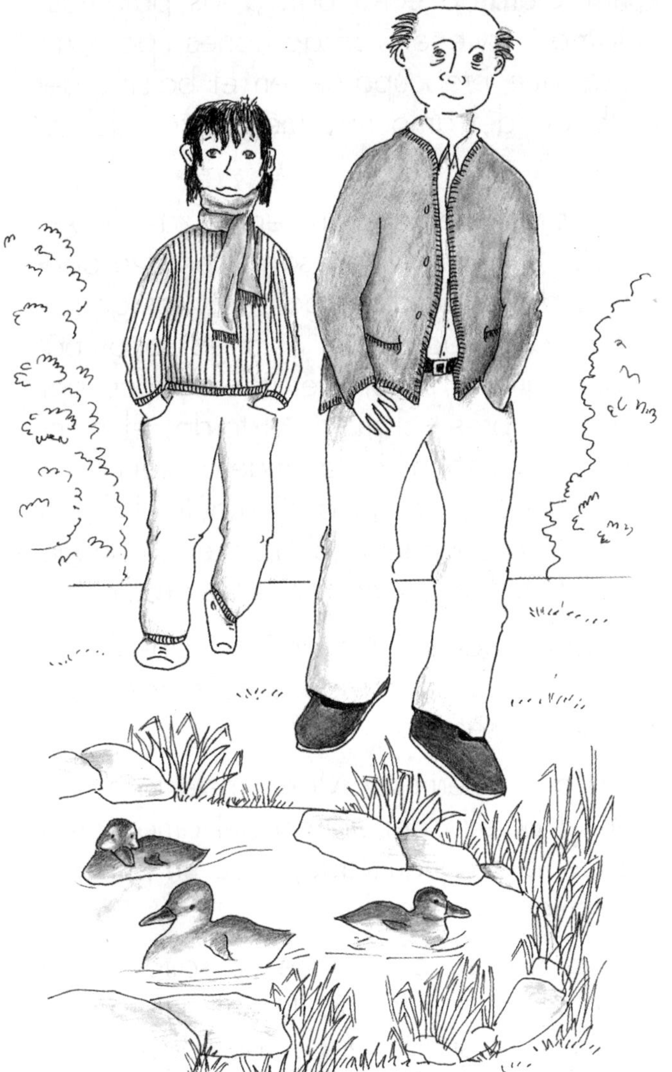

Cuando los patos ya están hartos, el señor Gerardo echa pan a las palomas. También vienen los gorriones, pero no hay que preocuparse: en el bolsillo del abrigo del amo hay mendrugos de sobra.

Y resulta que «el plan» empieza poco a poco a hacerse interesante, porque además de las palomas gordas y los gorriones golfos, acuden a las migas otros pájaros que el señor Gerardo conoce por sus nombres —el mirlo, el tordo, el picorreal, la urraca, la lavandera blanca— y le enseña a Mario a distinguir el canto del mirlo del canto del picorreal, aunque no alcancen a verlos entre los árboles.

Casi de noche, una ardilla salta al césped y mira descarada a esos dos retrasados paseantes.

Sin pedir permiso, Mario mete la mano en el bolsillo del abrigo del amo como en terreno conquistado, saca un puñado de migas y se las lanza.

La ardilla se acerca de un salto, coge una miga con las patitas delanteras, la mira como si estuviera consultando la carta en un restaurante de lujo, la olisquea y frunce el hociquillo. Después la suelta sin probarla y escapa tronco arriba.

—¿Las ardillas no comen pan? —pregunta Mario desilusionado.

—¡Claro que sí! Ya lo dice el refrán: «A buen hambre no hay pan duro». Pero éstas del parque están muy malcriadas, porque la gente les ofrece frutos secos y no se paran a roer mendrugos.

Mario vuelve a meter la mano en el bolsillo del abrigo y rebusca, pero el amo le advierte, enfadado:

—No, avellanas no tengo. Pan duro y gracias. Las avellanas son muy caras.

Mario, que está harto de comer chucherías a todas horas, piensa: «¿Caras, las avellanas? Caras son las casas, y las vacaciones en la playa, y los coches de lujo que anuncian por la tele. ¡Pero las avellanas...! El amo es un viejo muy raro. Se enfada de repente. Ser animal de compañía resulta mucho más difícil de lo que yo me había imaginado».

El señor Gerardo mira al cachorro de reojo y piensa por su parte: «Los chicos de ahora están muy malcriados. Igual que las ardillas. Comen a capricho, lo que más les gusta, se visten como les da la gana aunque haga frío, y lo quieren todo y al momento. Porque se le ha escapado la ardilla, ya ha puesto mala cara. Pues tendrá que aguantarse, porque un jubilado como yo tiene que mirar la peseta. A mí no me sobran perras para comprar avellanas. El cachorro parece <u>desilusionado.</u> Puede que mañana ya no vuelva a buscarme».

Caminan en silencio por los senderos del parque, cruzan la verja y, en el primer semáforo, se separan.

6

Tardes de sol y lluvia

Pero el cachorro vuelve al día siguiente, y al otro, y al otro.

—¿Vamos a echar pan a los patos, amo? –pregunta.

—Y a los pájaros. ¡Vamos, cachorro! –responde el señor Gerardo muy contento.

En vista de que el juego es divertido, el invento funciona y el señor Gerardo no le amenaza con quitarse el cinturón, al cuarto día Mario se atreve a proponer:

—Si usted quisiera ayudarme en las tareas…

Al señor Gerardo le pilla de nuevas la propuesta y pregunta extrañado:

—¿Tareas?

—Sí. ¡Cosas del colegio! Hacer unas frases, contestar unas preguntas, echar unas cuentas... ¡Siempre cae algo! —responde Mario.

Saca de la mochila libros, cuadernos y bolígrafos, y los extiende sobre un banco del parque.

—Nos sentamos aquí y entre los dos en un momento terminamos.

El señor Gerardo sigue preguntando:

—¿Me estás hablando de los trabajos que los maestros ponen en la escuela para hacer en casa?

—Sí.

—En mis tiempos se llamaban deberes.

—Y ahora también. Tareas, ejercicios, deberes... ¡Lo mismo da! —contesta Mario, ya instalado en el banco, con el cuaderno abierto y el bolígrafo en la mano—. ¿Empezamos por los de Lengua? «Pon en futuro las siguientes frases...».

Pero el señor Gerardo le interrumpe.

—¡Para el carro, cachorro! Conmigo no cuentes para hacer los deberes. Quedamos en pasear juntos por el parque. De la escuela no hablamos ni palabra. ¡Y ahora me sales con los deberes! Pues entérate bien: de libros y cuadernos no quiero saber nada.

No es que no quiera saber, es que no sabe.

La verdad es que el señor Gerardo empezó muy pronto a trabajar en el campo y apenas pudo asistir a la escuela. El tiempo justo para aprender a leer a trompicones, a escribir malamente y a echar cuentas.

No es que no quiera ayudar a Mario en los deberes, es que no puede. Le da rabia y vergüenza confesar su ignorancia y, para disimular, busca una excusa y continúa a gritos, como si estuviera muy enfadado:

—¡Me ofreciste un animal de compañía gratis, un juego nuevo! ¡Ya me parecía a mí que era demasiada ganga para ser cierta! Por algún lado tenía que asomar la trampa…

—Pero, señor Gerardo –protesta Mario.

—¡Un profesor gratis! Eso es lo que tú andabas buscando. Pues conmigo no cuentes. Ahí te quedas, y si te he visto no me acuerdo, que más vale estar solo que mal acompañado. ¡Adiós, muy buenas!

El señor Gerardo da media vuelta y se larga a zancadas.

Mario tiene que echar a correr para alcanzarlo.

—¡Eh, no se vaya! La verdad es que a mí tampoco me gustan ni pizca las tareas. Llevo desde principio de curso sin hacerlas, así que tanto me da seguir como hasta ahora. Mis padres ni se enteran y en junio, ya veremos —dice Mario recogiendo apresuradamente libros, bolígrafos y cuadernos.

Se echa la mochila y las preocupaciones a la espalda, mete la mano en el bolsillo de las migas tan contento, como si no hubiera pasado nada, y le dice al amo:

—Nosotros a lo nuestro, que nos esperan los pájaros.

El cachorro da el asunto por terminado, pero al señor Gerardo le duele ahora por dentro no poder ayudar a Mario en los deberes, como ya le dolía pasar de largo por el puesto de chucherías, que todos los días no, que sería mal educarlo, pero darle al cachorro un capricho de Pascuas a Ramos, bien que le gustaría si pudiera. Pero no puede y, cuanto más lo siente, más enfadado parece el señor Gerardo.

A veces, hasta habla solo. Como ocurrió días más tarde, cuando Mario comentó algo sobre el sueño y los dolores de cabeza que le entraban a su madre por las tardes, y el señor Gerardo murmuró entre dientes:

—Ya me conozco yo esos males. Seguro que bebe demasiado. Eso se cura con agua clara.

Hablaba bajito, para sí mismo, pero Mario escuchó sus palabras y le preguntó en alto qué enfermedad era esa tan rara que entraba por beber y se curaba con agua.

Mario se quedó sin saberlo, porque el señor Gerardo replicó:

—¿Eso he dicho? Pues estaba pensando en voz alta. Y tú no tienes que escuchar lo que digo para mí solo.

Después agachó la cabeza y gruñó más enfadado que nunca:

—¡Cierra el pico, bocazas!

¿Seguía pensando en alto el señor Gerardo? Parecía que sí; pero por si el bocazas era él, Mario no se atrevió a volver a abrir la boca en toda la tarde.

El amo y el cachorro terminaron el paseo en silencio, como el primer día.

Afortunadamente, los repentinos enfados del señor Gerardo se producen más de tarde en tarde y Mario ha dejado de asustarse porque va descubriendo lo que hay detrás de los gritos y los silencios del amo.

Ahora ya sabe que, si le coge de la mano en los semáforos, no es para demostrarle su dominio ni para evitar que el cachorro se le escape corriendo ni para protegerle de un posible atropello ni siquiera para calentársela dentro del bolsillo de su abrigo raído: el señor Gerardo le agarra fuerte porque es viejo y torpe, y también él necesita calor y protección y seguridad y compañía.

Algo parecido ocurre con el puesto de chucherías. Los primeros días el señor Gerardo le hacía pasar deprisa, gruñen-

67

do por lo bajo contra los caramelos que pican las muelas y contra los chicos caprichosos que todo se les antoja, pero ahora es el amo el que se detiene a mirarlo y señala lo que le comprará a Mario en cuanto cobre una paga extraordinaria de su pensión de jubilado y tenga en los bolsillos algo más que mendrugos de pan duro para los pájaros.

Así van pasando, una tras otra, tardes de sol y frío en el parque, o tardes de lluvia bajo los soportales de la plaza.

Pero ninguna es igual que otra. Hoy baja a comer un petirrojo y mañana una pareja de verdecillos, y las tardes se alargan sin sentir; y estallan las yemas de los árboles y verdean las ramas y vuelven las primeras golondrinas que Mario no había echado en falta; y ya sólo quedan por aparecer cuatro de las «especies de este parque» que se ven pintadas en el letrero y que el guarda dice que nunca vio nadie por ahí, y que Mario está seguro de descubrirlas de un momento a otro, porque sus ojos de niño asfáltico están aprendiendo a ver el mundo a través de la mirada atenta del chico campesino que fue el señor Gerardo hace ya muchos años.

De pronto, llega la primavera y se anuncian las fiestas.

Esta tarde, el señor Gerardo cambia de rumbo y se dirige al descampado, donde empiezan a llegar los feriantes y se alza la noria, y llegan los coches de choque, y están montando el circo, y sólo falta hinchar el castillo de plástico que ya está extendido en el suelo, esperando los más divertidos saltos y las caídas más blandas de grandes y chicos. Mario se queda mirando al domador, y a los leones, y a la trapecista, y a los payasos que aparecen en los cartelones del circo, y el señor Gerardo se acerca a la ventanilla dispuesto a comprar dos entradas.

Lleva dos semanas sin tomarse ni un café y estirando la cajetilla de tabaco, pero sus ahorros no dan para tanto. Las entradas le parecen muy caras.

—¡Qué disparate! ¡Esto es un robo a mano armada!

—Oiga usted, de robo, nada –protesta la taquillera–. El circo Perezoff ofrece un espectáculo sensacional y su colección de fieras constituye el mejor de los zoos ambulantes. Desde que se hundió el circo Krone en aguas del Atlántico durante la Primera Guerra Europea, no se ha visto nada semejante.

Puede. Pero a esos precios, ni a fin de mes con la paga recién cobrada en el bolsillo, podría comprar dos entradas el señor Gerardo sin quedarse sin comer una semana.

No puede invitar a Mario al circo, como había soñado. Le duele tanto la desilusión, que reacciona enfadándose más que nunca.

Llama a Mario, que trata de colarse adentro por un desgarrón de la lona, y le dice, furioso:

—¡Ven aquí ahora mismo! ¿Qué se te ha perdido a ti en el circo? ¿Acaso querías escaparte de mí? ¡Diablo de cachorro, que cuando ya parecía domado vuelve a las andadas! Te lo dije el primer día: un animal de compañía tiene que ir siempre junto al amo. Atado, si fuera necesario. Ya lo sabes.

Pero esta vez a Mario no le asustan las voces, ni se toma en serio la amenaza del cinturón.

—¡No me iba a escapar! Sólo quería echar una mirada —explica.

El señor Gerardo cambia de tono.

—A mí también me gustaría ver la función. Al menos, la colección de fieras. Pero las entradas son demasiado caras —murmura pesaroso.

—Pues mañana traigo mi hucha y la rompemos —decide Mario—. Seguro que hay bastante.

—¿Qué dices? ¿Que vas a pagar tú las entradas? ¡Ni por ensoñación! Eso sí que no te lo consiento. Yo soy el amo. Yo soy el que debería invitarte, pero...

Mario adivina lo que siente el señor Gerardo y le quita importancia al asunto. Dice, encogiéndose de hombros:

—Pues nos contentaremos con mirar los carteles. El circo es casi tan bonito por fuera como por dentro.

El señor Gerardo sabe que Mario trata inútilmente de consolarle y consolarse.

—Casi —murmura en voz baja.

7

El miedo del cachorro

Al día siguiente, anuncia el señor Gerardo:

—Hoy no vamos a ir al parque. Ni a la feria.

—¿No? ¿Y adónde vamos? –pregunta Mario.

—Al Ayuntamiento. He oído por la radio que están dando unas subvenciones...

—¿Unas qué?

—Unas subvenciones, que así le dicen a dar un poco de dinero al que lo necesita para ayudarle en lo que sea.

—¿A quién se las dan?

—Ahora, a los jubilados.

—¿Para qué?

—Para ayudarles a mantener sus animales de compañía.

—¿Y qué? —sigue preguntando Mario.

—Que yo soy un jubilado y tú un animal de compañía —afirma el señor Gerardo, que se ha tomado el juego muy en serio—. Tenemos derecho a que nos den una subvención y vamos a pedirla.

Mario no acaba de entender bien el asunto y lo que entiende no le gusta. Le dan miedo los cambios. Él era muy feliz en casa hasta que se cerró la fábrica de bombillas, mamá se quedó en paro y papá empezó a viajar por su trabajo.

Ahora, el invento está funcionando de maravilla, gracias a que Raúl cumple su promesa de mantener la boca cerrada y sólo entran en el juego el amo y el cachorro. Mejor que nada cambie.

Mario murmura entre dientes:

—Cuando se entere todo el mundo, seguro que se estropea el invento y se termina el juego.

—¿Qué andas mascullando? —protesta el señor Gerardo—. ¡Habla más alto!

¿No te has dado cuenta de que estoy un poco sordo?

¿Un poco? ¡No! ¡Mucho!

Mario le grita al oído sus temores y el señor Gerardo se ríe.

—Tampoco hay que darle tres cuartos al pregonero. Diremos solamente lo necesario. No tengas miedo. Nadie va a enterarse de que tú eres mi animal de compañía. A nadie le importa y en el impreso para solicitar la subvención no lo preguntan.

El señor Gerardo saca el impreso y Mario lo repasa. Piden muchos datos del amo, pero del animal de compañía sólo hay que poner el nombre, sin aclarar si se trata de un tigre o de un canario.

—Dan una cantidad fija para comprar lo que haga falta: carne o alpiste, da lo mismo.

—Pero yo tengo en mi casa comida de sobra –replica Mario.

—¡Pero fíjate bien! La cantidad es para «mantener» al animal de compañía. Se puede gastar en alimentación o en lo que sea –replica el señor Gerardo–. Y a nosotros nos vendrían muy bien unas pesetillas.

—¿Para qué?

—Para gastarlas en la feria. Sinceramente, Mario, ¿no te gustaría ver el circo por dentro? –pregunta el señor Gerardo.

El amo hubiera preferido sorprender al cachorro con la subvención concedida y las entradas sacadas, pero necesita su ayuda para rellenar el impreso y para que le guíe la mano al estampar la firma.

Continúa, utilizando palabras difíciles que sin duda acaba de aprender esta misma mañana en el Ayuntamiento.

—Los trámites son sencillos. Basta con acreditar mi personalidad y dar cuenta de mi situación económica, que es de pena, rellenar el impreso y presentar la solicitud en la ventanilla correspondiente.

El señor Gerardo se saca del bolsillo unos papeles y les sacude las migas.

—Mira, aquí tengo la documentación necesaria: el contrato de la casa, el recibo de la pensión, el documento nacional de identidad... ¡Que no se nos pierda el impreso de solicitud! Hay que rellenarlo

76

AYUNTAMIENTO

a máquina o a mano, así que saca el bolígrafo y empieza. Despacito y buena letra. ¿Qué preguntan en la primera línea?

—Nombre del solicitante —responde Mario leyendo el impreso.

—Ese soy yo. Pon Gerardo Perales Minglanillo, servidor de usted.

—Aquí piden nombre y dos apellidos, con eso basta —aclara Mario.

—¿Y no hay que añadir «servidor de usted» detrás de Minglanillo? ¿Ya no se usa lo de «servidorito»? —pregunta extrañado el señor Gerardo.

—No.

—Eso siempre iba pegado al nombre, en mis tiempos. Pues no lo pongas y adelante. ¿Qué viene ahora?

—Nombre del animal de compañía.

—Ese eres tú. Pero «cachorro» a secas no vale, y «Mario» suena raro.

Mario replica muy digno:

—Pues mi nombre es Mario González López, y...

—...y a mucha honra –le interrumpe el señor Gerardo–. No te ofendas, que no pienso quitártelo. Pero tienes que reconocer que para el caso no vale. ¡Déjame que lo piense! Mario... González... López... ¡Ya lo tengo! Ma... go... lo... *¡Magolo!* ¿No te gusta?

—Ni pizca.

—Pues a mí me parece bonito. ¡Si supieras los nombrecitos que ponen otros amos a sus animales de compañía! *Miumiu, Pichirrichi, Corazoncito... Magolo* es únicamente para los papeles. Yo te seguiré llamando cachorro, ¿vale?

— Vale –respondió Mario a regañadientes–. Pero sólo entre nosotros, cuando nadie nos oiga.

Mario escribe por primera vez ese extraño nombre que será el suyo en adelante para los que no estén metidos en el juego.

—¡Ya está! Ahora firme aquí debajo.

El señor Gerardo toma el bolígrafo y hace una G tan grande que ocupa medio impreso.

—¡Eh! ¡Haga las letras más pequeñas, que si no le va a salir la firma de kilómetro y medio! –le advierte Mario.

Pero el amo escribe tan mal que el cachorro tiene que guiarle la mano.

—¡Ya está! Vamos ahora a presentar la solicitud en el Ayuntamiento.

La ventanilla de subvenciones todavía está abierta. El funcionario revisa los manoseados documentos del señor Gerardo, repasa las casillas del impreso que acaba de rellenar Mario, estampa un sello rojo en la solicitud y dice:

—No falta ningún papel y los datos son correctos. Puede pasarse usted por aquí al final de semana y recoger el importe de la subvención. ¿Cómo lo quiere, en efectivo o en cheque?

—En dinero contante y sonante –responde el señor Gerardo muy contento.

—Pues aquí lo tendrá el viernes.

—Muy bien. Gracias y hasta pronto.

El señor Gerardo sonríe de oreja a oreja y comenta satisfecho:

—¿Ves qué fácil? El viernes venimos a recoger el dinerito y nos vamos al circo esa misma tarde.

Como el cachorro refunfuña, el señor Gerardo insiste:

—Todo saldrá bien. Mis papeles están en regla y no hemos puesto ninguna mentira en el impreso. No pueden acusarnos de nada. Tranquilízate. El asunto va de maravilla. ¿Te convences ahora, cachorro?

Aunque ya se habían apartado de la ventanilla, Mario se da cuenta de que el funcionario levanta la cabeza al oír la palabra «cachorro» y se les queda mirando, muy extrañado.

—¡Señor Gerardo! —se queja Mario— ¡Que me ha llamado usted cachorro a gritos!

—¿Y qué? —replica el amo, despistado—. Así te he llamado siempre y hasta ahora no te habías quejado. No hago más que seguir las reglas del juego. ¿O prefieres que te llame Magolo?

—Tampoco es eso... Es que el de la ventanilla le ha oído y nos ha mirado con una cara rarísima.

—¿Sólo por llamarte cachorro? En mi pueblo, las madres llamaban a sus hijos «cachorrillo» cariñosamente y a nadie le extrañaba –explica el señor Gerardo.

—En su pueblo, puede –replica Mario–. Pero en la ciudad suena distinto. Aquí un cachorro es una cría de perro o de otros animales, y nada más.

—No te enfades, cachorro, que no te lo volveré a llamar en público.

—¡Y dale! ¡Cada vez más fuerte! –protesta Mario.

Mira a sus espaldas y observa que el de la ventanilla está hablando ahora con un tipo raro y misterioso, de gabardina y gafas negras que se vuelve y empieza a seguirlos disimuladamente. Los cristales oscuros esconden sus ojos, pero a Mario le parece adivinar una mirada amenazadora detrás de las gafas.

—¡Vámonos de aquí, que un tipo muy raro nos está siguiendo –murmura Mario asustado.

—¿Quién?

—Ese de la gabardina y las gafas negras.

Antes de que se vuelva el señor Gerardo, el tipo misterioso se esfuma en el aire.

—Yo no lo veo –dice el señor Gerardo.

—Estaba detrás de nosotros, siguiéndonos, hace un momento –insiste Mario.

—¡Bah! ¡Imaginaciones tuyas! No hay motivo para que nadie sospeche de nosotros. Ya verás como todo sale bien. El viernes nos dan el dinerito y ¡al circo!

Mario no está tan seguro. Coge de la mano al señor Gerardo y tira de él, para salir cuanto antes del Ayuntamiento.

El de la gabardina y las gafas negras les sigue de lejos. En el Callejón del Burro saca un cuadernito y apunta la dirección del señor Gerardo, y hace lo mismo después de un largo viaje en autobús, cuando Mario llega a su barrio y entra en el portal de su casa.

El cachorro se pasa toda la semana mirando hacia atrás sin ver al tipo misterioso de la gabardina y las gafas negras, y poco a poco se le quita el miedo.

El viernes, el señor Gerardo le está esperando a la puerta del colegio, más contento que unas castañuelas.

—¿Sabes? Ya he cobrado la subvención esta mañana. ¡Dinero fresco para el cachorro y su amo! Esta vez vamos a comprar las entradas para el circo, pero el mes que viene podemos alquilar una barca para remar en el estanque, o irnos a ver una película en un cine de verdad, de pantalla grande y acomodadores con linternita, o sentarnos a tomar chocolate con churros en una cafetería.

El señor Gerardo va tan deprisa en los planes y en la marcha que Mario apenas puede seguirle.

Una vez en la feria, dice:

—Vamos a ponernos en la cola de las taquillas. ¡No te quedes atrás, cachorro!

Mario protesta.

—¡Que se lo he dicho mil veces! ¡Que no me llame cachorro por la calle!

—Pues antes bien que te gustaba... –replica el señor Gerardo.

—Y me sigue gustando. Pero no quiero que lo oigan los demás. Y menos ese tipo que nos iba pisando los talones el otro día al salir del Ayuntamiento... –Mario lanza una mirada a su alrededor y continúa bajito– ...y que acaba de aparecer en este momento.

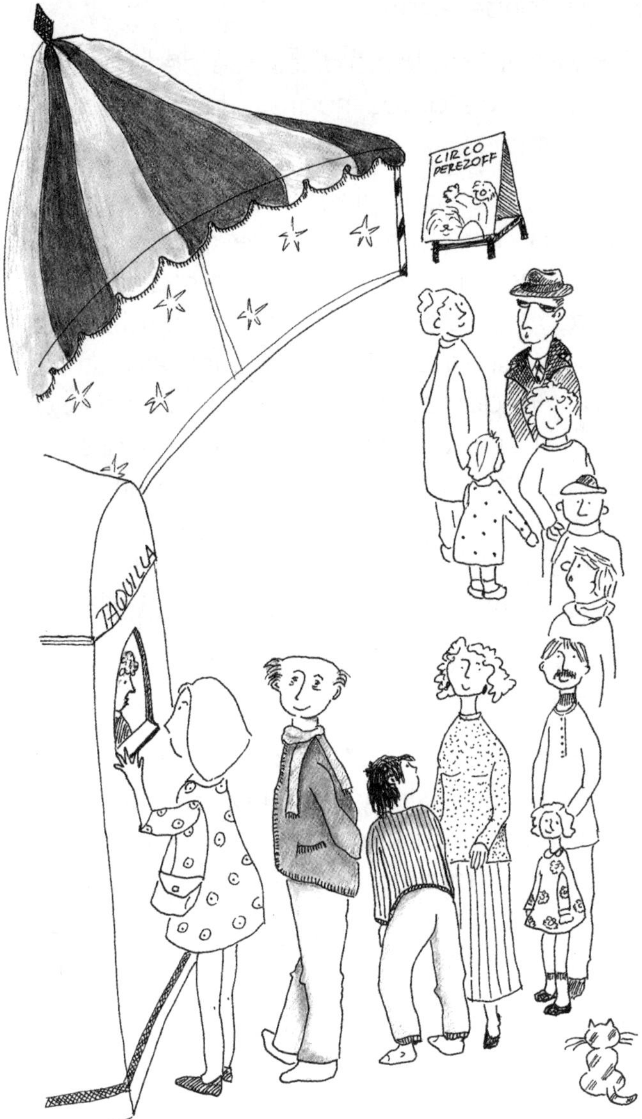
CIRCO
PEREZOFF
TAQUILLA

—¿Dónde está?

—Al final de la cola. Es ése de la gabardina y las gafas negras. Está espiando todos nuestros movimientos.

—¡Qué fantasía tienes! Ése se encuentra detrás de nosotros porque acaba de llegar hace un momento –dice el señor Gerardo, riéndose–. Según tú, también nos están espiando el de la camiseta amarilla, y el gordo, y la señora del bolso rojo, y la rubia, y el alto... y todos los que están en la cola. A mí me parece un señor corriente que viene a sacar entradas de circo para su familia. Tú quédate aquí, que yo me voy a acercar a la taquilla.

Se va y vuelve al instante con interesantes noticias.

—Tenemos bastante para sacar dos entradas de pista y aún nos queda algo para tomar chocolate con churros al final del espectáculo. Pero se han terminado las entradas para la primera función. Eso sí, la otra se anuncia con un programa con fin de fiesta, fuegos artificiales y desfile de toda la compañía.

—¡Estupendo! –aplaude Mario– ¡Pues vamos por la noche!

—Pero es que termina muy tarde y un niño de tu edad no puede estar solo por la calle a las tantas –dice el señor Gerardo.

—¡Pero yo no estaré solo! –explica Mario–. Estaré con usted, muy bien acompañado.

—Pero eso tu madre no lo sabe.

—Tampoco sabe lo que hago todas las tardes a la salida del colegio. Si me pregunta alguna vez «¿Dónde has estado tanto rato?» le digo «Por ahí» y basta.

El señor Gerardo le mira sorprendido.

—¿No le has contado...?

—Ni palabra –responde Mario.

—Pues no podemos seguir así. Tus padres deben estar enterados de tus andanzas. De momento, si quieres ir al circo por la noche, tienes que avisárselo a tu madre.

Mario se resiste, pero el señor Gerardo insiste:

—Haremos lo siguiente: esperamos la cola, llegamos a la ventanilla y le decimos a la taquillera que nos reserve dos butacas de pista para la noche. Después vamos a tu casa, le pedimos permiso a tu madre y...

—¿Y si dice que no?

—Pues si dice que no, tú te quedas en casa y yo me vuelvo a la feria, a cambiar las entradas de esta noche por unas para mañana por la tarde.

—¡Para la función de los críos, sin desfile final ni fuegos artificiales! ¡Vaya gracia! —protesta Mario.

Y aún puede ocurrir algo peor.

—Además, que mi padre aparece por casa algunos fines de semana y, como no hay colegio, yo no me puedo largar tan fácilmente.

—Pues le dices que te vas al circo porque te invita un amigo. No es necesario hablar de cachorros ni amos, de momento.

Mario se resiste a dar explicaciones en casa.

—Que no, que siempre me pasa lo mismo. Que en cuanto abro la boca, se arma la gorda. Mejor es tener el pico cerrado.

Pero el señor Gerardo decide:

—Pues le pides permiso a tus padres o te quedas sin circo. Conmigo no vienes escapado.

Mario agacha la cabeza y refunfuña.

—Con tantas explicaciones, seguro que se descubre el secreto, se estropea el invento y se termina el juego.

La cola avanza, llegan a la taquilla y el señor Gerardo reserva las entradas. Cuando amo y cachorro echan a andar, Mario vuelve la cabeza. El de la gabardina y las gafas negras ya no está en su puesto: señal de que no estaba allí para sacar entradas.

En la feria hay tanta gente que el tipo misterioso puede pasar inadvertido, pero Mario se asoma por la ventanilla del autobús, camino de su barrio, y descubre que les viene siguiendo montado en una moto cacharrosa.

Al bajar en la última parada, y sin decirle nada al señor Gerardo, Mario da unas vueltas por el barrio para despistar al tipo misterioso que ahora se ha motorizado, y cuando cree haberlo conseguido, por fin se dirige a su casa.

—Aquí es –le dice al señor Gerardo.

Suben al sexto piso. Mario empuña la llave que lleva colgada al cuello y la mete en la cerradura pero, antes de que empiece a girarla, la puerta se abre desde dentro, el descansillo se llena de vecinos curiosos y se arma una buena.

Mamá grita.

—¡Hijo mío!

Papá ruge.

—¡Insensato!

Entre los vecinos curiosos se encuentra Raúl y, en primera fila, está el hombre de la gabardina y las gafas negras, que señala al señor Gerardo con dedo acusador.

—Ése es el culpable.

—¿De qué? –pregunta el señor Gerardo.

Pero con tanto lío, nadie le contesta. Los vecinos murmuran, mamá abraza a su hijo como si acabara de escapar de un grave peligro y papá le amenaza con una bofetada.

—¡Ya te enseñaré yo a escaparte de casa!

—¿Escaparme? –replica Mario–. Pero si vuelvo yo solito, sin que nadie me traiga.

—¿Solo? ¿Y ése qué pinta aquí? –dice papá señalando al señor Gerardo.

Antes de que el interesado pueda contestar, papá vuelve a interrogar a Mario.

—Dime, ¿qué haces todas las tardes al terminar el colegio, en vez de venir derecho a casa? ¿Dónde te metes?

—En ninguna parte –contesta Mario.

El dedo acusador del tipo de la gabardina y las gafas negras ahora señala a Mario.

—¡Mentira!

—¡Verdad! –replica Mario–. Yo no me meto en ninguna parte. Salgo del colegio y me voy a tomar el aire.

Mamá lloriquea, papá grita, los vecinos comentan y el tipo misterioso alza la mano.

—¡Silencio! ¡Yo explicaré lo que está pasando! ¡Lo sé todo! Yo...

Mario agacha la cabeza y piensa para sus adentros: «¡Lo que me temía! Entre todos acabarán por descubrir el secreto, se estropeará el invento y ¡adiós al juego!»

8

La Constitución y el invento

El de la gabardina y las gafas negras invita a papá y mamá a que se sienten en el sofá; coloca a Mario y al señor Gerardo en dos sillas altas; se gana la simpatía de los vecinos curiosos permitiendo que se enteren de todo asomados a la puerta del descansillo; impone silencio y empieza a hablar, paseándose por la habitación como si se tratase de la sala de un juicio.

—¡Señores!

Se dirige a los padres de Mario, pero se nota que busca también el aplauso de los vecinos.

—Yo estoy aquí para denunciar un caso grave de explotación de la infancia...

Señala al señor Gerardo con dedo acusador y dedica a Mario una falsa sonrisa.

—Sepan ustedes que este viejo ha estado explotando a este niño inocente...

—¡Eh, oiga! ¡Que a mí no me ha explotado nadie! –protesta Mario– ¡Que estoy aquí de una pieza, enterito!

El de la gabardina no le hace caso y continúa su perorata.

—...durante largos meses, obligándole a pasear en su compañía todas las tardes, a pesar del frío y de la lluvia. El explotador aquí presente...

—¡Oiga usted, que el señor Gerardo no ha explotado nada! Ni un globo, ni una botella, ni un petardo, ni una bolsa... ¡Nada de nada! –replica Mario.

Pero su padre le ordena:

—¡Silencio!

Y el de la gabardina y las gafas negras sigue machacando.

—Este explotador de la infancia niega al niño su condición de ser humano y le rebaja a un nivel inferior, considerándole un animal de compañía.

Pero no voy a acusarle yo solo. Oigamos a un testigo fideligno. ¡Que se presente a declarar don Raúl Márquez Valdés!

Los vecinos se apretujan para dar paso a Raúl, el compañero de Mario. Tan grandullón como es y parece encogido, como avergonzado. Y eso que le acompaña su madre, que le defiende siempre.

—¡Deje a mi niño en paz! ¡Mi niño no se ha metido en nada!

—Calma, señora, que yo sólo quiero hacerle unas preguntas.

—Es que mi niño es muy formal y va de casa al colegio y del colegio a casa, sin andar por ahí descontrolado, como otros...

—...como Mario, por ejemplo –remacha el de la gabardina–. Raúl, en cambio, saca buenas notas y es un excelente deportista. Lo dice todo el barrio.

Cuando se acallan en el descansillo los murmullos de aprobación de los vecinos, el de la gabardina empieza a interrogar al testigo.

—Raúl, dime la verdad. ¿No es cierto que tu amigo Mario está siendo explotado como animal de compañía?

—No.

—¿No? ¿Te atreves a negarlo ahora? —replica amenazador el de la gabardina—. Hace un momento confesabas que habías acompañado a tu compañero el primer día que habló con el viejo y que, al otro, fuiste detrás de ellos escuchando todo lo que decían. ¡Y el viejo le llamaba «cachorro» al inocente niño!

—Bueno, sí... pero ¡no! —responde Raúl.

—¿En qué quedamos?

—Es que no se trataba de una explotación, sino de un juego muy divertido. Y a Mario le gustaba.

Sin darle tiempo a más explicaciones, el de la gabardina insiste:

—Pero oíste al viejo amenazar a Mario con quitarse el cinturón, para pegarle o para llevarlo atado por la calle, ¿no es cierto?

Mario salta de la silla, dispuesto a defender a su amo con uñas y dientes, pero el señor Gerardo le contiene.

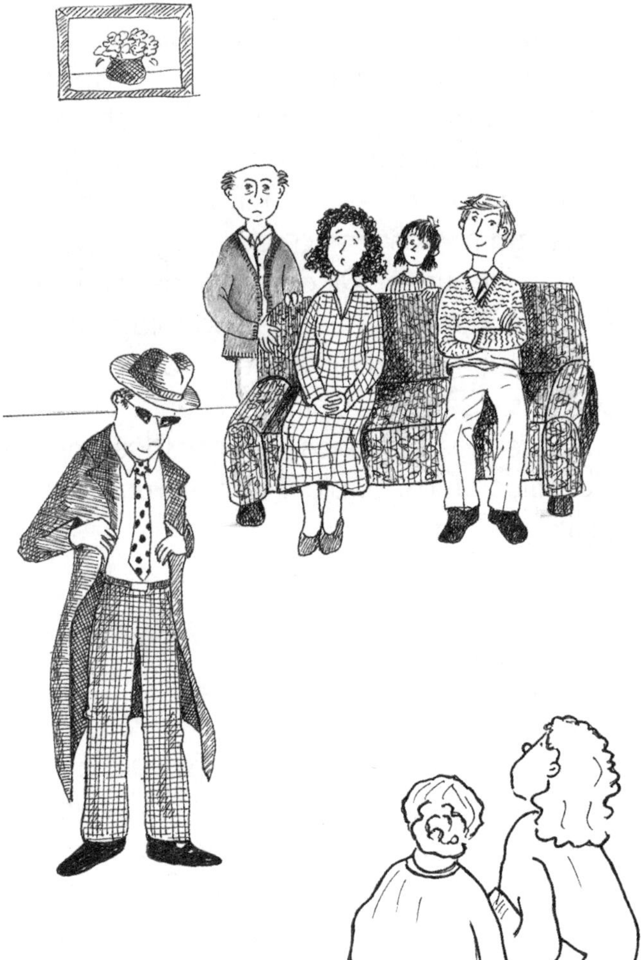

—Quieto, cachorro.

El de la gabardina se quita las gafas negras y lanza a su alrededor una mirada de triunfo.

—¿Lo oyen ustedes? ¿Han escuchado bien al viejo? Él mismo acaba de declararse culpable. ¡Ha llamado «cachorro» al inocente niño! Y «cachorro» significa «perro de poco tiempo. Hijo pequeño de otros mamíferos como león, tigre, lobo, oso...» según el Diccionario de la Real Academia de la Lengua Española. ¡Todos ustedes son testigos! ¡El viejo trata al niño como si fuera un animal! Atenta contra los derechos humanos reconocidos en la Constitución española y comete un grave delito.

El de la gabardina y las gafas se saca del bolsillo un librito muy manoseado y lo hojea rápidamente.

—Veamos los artículos 10, 14, 15 y 17 de la Constitución. El artículo 10 trata de la dignidad de la persona y de sus derechos inviolables. Y dice: «el respeto a la ley y los derechos de los demás son fundamentos del orden» y de «la paz social».

»El artículo 14 afirma que «los españoles son iguales ante la ley» y el 15 que «todos tienen derecho a la vida» sin que «puedan ser sometidos a tortura o tratos inhumanos o degradantes».

»El artículo 17 recuerda que «toda persona tiene derecho a la libertad». ¿Se dan cuenta, señores? ¡Cuatro artículos de la Constitución han sido vulnerados por este inicuo explotador de la infancia!

Tras unos instantes de silencio, el de la gabardina, agitando en el aire una fotocopia del impreso de solicitud presentado por el señor Gerardo días antes en el Ayuntamiento, añade:

—Y esto no es todo. También utilizó al inocente niño para estafar al Ayuntamiento de esta ciudad, obligándole a rellenar el impreso con datos falsos y haciéndole cómplice de un nuevo delito: declarar mentiras en un documento público.

—¡Usted es el único mentiroso! –protesta Mario enfrentándose al de la gabardina–. Todo lo que hemos puesto en ese impreso es la pura verdad. ¡Datos falsos, ni medio! ¡Papá, déjame que te lo explique!

Pero se tiene que callar, porque papá le ordena de nuevo:

—¡Silencio!

Los vecinos, agolpados en el descansillo, gritan:

—¡Hay que denunciar al viejo inmediatamente! ¡A la cárcel con él!

—Calma, señores. No hay que precipitarse –dice el tipo de la gabardina y las gafas negras–. En vez de mandarle a la cárcel, es mejor que el viejo pague sus delitos... con dinero contante y sonante.

»En un caso como éste los padres pueden exigir al explotador de su hijo una indemnización por daños y perjuicios. Yo soy abogado, y sé llevar un pleito. Ustedes y yo –dice dirigiéndose a los padres de Mario– podemos sacar mucho dinero con este asunto.

Los padres de Mario se miran, sorprendidos; los vecinos aplauden; el de la gabardina se frota las manos y Mario se asusta.

—El asunto es sencillo. Ustedes me nombran su abogado. Yo les acompaño a presentar la denuncia en la comisaría, defiendo su causa, y después nos repartimos a medias el dinero de la indemnización. Porque ganaremos el pleito, seguro. ¡Fíjense ustedes! ¡El inicuo explotador de la infancia ni siquiera se atreve a defenderse!

Pero el de la gabardina está muy confundido.

El señor Gerardo se levanta y se dirige a los padres de Mario, dispuesto a aclarar el lío que está armando ese tipo.

—Todo empezó de pronto, como un juego, a partir de un anuncio de un perro perdido. Ni Mario se ha tomado nunca en serio lo de ser un animal de compañía ni yo le he tratado como a un perro.

»La verdad es que yo me sentía solo y Mario también, y nos hicimos amigos y ahora nos hacemos compañía el uno al otro. ¿Acaso es delito ser feliz? ¿Va en contra de la Constitución tener buenos amigos? Yo soy un hombre cabal y siempre he respetado a mis semejantes. Nunca he ofendido a nadie ni he ido en contra de lo que llaman «los derechos humanos».

Los padres de Mario escuchan atentos al señor Gerardo; el cachorro mira al amo, sorprendido al oírle tantas palabras seguidas y tan bien dichas, y los vecinos aguardan la continuación del discurso en un respetuoso silencio.

—Amo y cachorro nos llamamos por juego. Y al fin y al cabo, todos somos... ¿cómo se dice? ¡Ah, ya sé! Animales racionales, aunque algunos no sepan obrar razonablemente.

El de la gabardina da un respingo al sentirse aludido y los vecinos sueltan la carcajada.

—Tampoco hemos declarado datos falsos en ningún documento público. Eso sí, pienso gastar a mi aire la subvención que he recibido para mantener a un animal de compañía, pero sin estafar al Ayuntamiento. «Mantener» es la palabra que pone en el impreso. Mario es un buen amigo, un excelente compañero. Pero yo me temía que se aburriera de dar paseos con un viejo. Yo deseaba «mantener» su ilusión, retenerle a mi lado...

La voz del viejo tiembla. Mario ya no puede más. Se levanta de la silla, se lanza al cuello del señor Gerardo y le susurra al oído:

—¡Para eso no hacía falta el dinero de la subvención, ni las barcas, ni el cine, ni el chocolate con churros, ni la función del circo! Yo seré siempre su animal de comp... ¡No! ¡Su amigo! Se lo dije, que no pidiera nada, que no se metiera en líos... ¿Qué va a pasar ahora?

—Nada malo, cachorro –le responde el señor Gerardo, rascándole por detrás de las orejas–. Tú tranquilo.

El padre de Mario se levanta, consulta a su mujer con la mirada y le tiende la mano al señor Gerardo.

—¡Choque usted estos cinco! Puede estar tranquilo. Por nuestra parte no habrá denuncias ni reclamaciones. Y perdone los malos modos. La culpa es de ese liante, que nos ha contagiado sus sospechas. En adelante, puede usted seguir saliendo de paseo con nuestro hijo Mario.

—Todas las tardes, mientras él quiera. Pero a ustedes, ¿no les da vergüenza tener un hijo como Mario, que es más tierno que el pan y más salado que el mar, y dejarlo como lo tienen, medio abandonado?

El de la gabardina se olvida de su anterior fracaso y vuelve a la carga:

—¿Abandonado, ha dicho? ¡Eso también va en contra de la Constitución!

Saca del bolsillo el mismo librito y lo hojea deprisa:

—¡Ya lo tengo! Artículo 39: «los padres deben prestar asistencia de todo orden a sus hijos» ... «durante su minoría de edad». Si el niño estaba abandonado y usted le ha prestado asistencia gratis desde principio de curso, la cosa cambia. Usted –le dice al señor Gerardo– debe denunciar a estos padres desnaturalizados que abandonan a su hijo menor de edad y puede reclamarles una indemnización por todo el tiempo que usted ha dedicado a atender a este pobre niño, sin cobrar ni una peseta.

El de la gabardina empieza a calcular de memoria:

—Vamos a ver. Seis meses, cinco días a la semana y cuatro horas de trabajo al día hacen un total de... quinientas veintiocho horas de trabajo. ¡Eso supone muchos miles, traducido a pesetas! Una importante cantidad de dinero que usted cobrará en cuanto presente la denuncia y se celebre el juicio. Yo soy abogado y puedo defender su caso. Raúl nos servirá de testigo. Ya conoce usted mis condiciones: iremos a medias en las ganancias. Porque ganaremos, seguro.

El señor Gerardo desprecia la oferta. Mario, en vista de que la Constitución protege el invento, olvida sus miedos. Papá se abalanza y agarra al tipo misterioso por las solapas de la gabardina.

—¡Esto ya es demasiado! ¡Embustero, liante, picapleitos! A usted no le importan ni la ley ni la justicia. Sólo quiere socaliñar dinero como sea. ¡Salga de mi casa ahora mismo!

Le echa a empujones y cierra la puerta del descansillo dando en las narices a los vecinos curiosos.

106

# 9

El juego sigue

Cuando se quedan los cuatro solos, papá se tumba en el sofá, agotado por tantas emociones.

—Asunto concluido —comenta satisfecho.

—¿Asunto concluido? —replica el señor Gerardo—. ¡Ni por soñación! Ahora me toca hablar a mí, y aviso que pienso despacharme a gusto.

—No se vaya a meter en otro lío... —le susurra Mario al oído—. A ver lo que dice.

—¿Y qué voy a decir? La verdad, como siempre. Que una noche de otoño me viniste a buscar para ofrecerte como animal de compañía porque te sentías como un perro abandonado.

Los padres de Mario se miran, molestos, y papá replica, haciéndose el ofendido.

—¿Abandonado, Mario? No hay más que echarle una mirada para ver que eso no es cierto. A mi hijo no le falta de nada. ¿Ve usted esas zapatillas deportivas que lleva puestas? Pues serán feísimas, pero cuestan un dineral, porque son del último modelo de la marca de moda. En cuanto a la comida, dos cuartos de lo mismo. El frigorífico está lleno a rebosar y el armario de la cocina, atiborrado de chucherías. Mario puede comer a su capricho.

—No se trata de ropas ni de comida, sino de atenciones y de cariño –comenta el señor Gerardo.

—¿Atenciones? –continúa diciendo el padre de Mario–. Antes, cuando trabajábamos los dos, andábamos escasos de tiempo, pero desde que se cerró la fábrica de bombillas, mi mujer está en casa todo el día y el niño tiene que estar mejor atendido que nunca, por supuesto.

—¿Usted se fía de las suposiciones? ¿Es que no sabe lo que ocurre en su casa? –pregunta el señor Gerardo.

—¿Cómo lo voy a saber, si desde que mi mujer está en el paro he tenido que aceptar un trabajo que me obliga a viajar continuamente?

—Pues yo puedo explicárselo, si quiere.

Papá no quiere, y mamá menos, pero al viejo no hay quién le pare.

—No es que Mario se queje de nada, que el chico apenas habla de sus padres, pero atando cabos de una palabra hoy y otra mañana, yo pienso que las cosas iban mucho mejor en esta casa cuando, además de trabajar fuera, los dos arrimaban el hombro y cuidaban del hijo a medias.

»Pero ahora usted está fuera y a su mujer le entra por las tardes un malestar y una soñarrera que se duerme de bruces sobre la mesa de la cocina antes de preparar la cena. No hace falta ser muy listo para darse cuenta de que le está entrando una enfermedad que empieza poco a poco y que se puede curar con agua clara.

—¿Se atreve usted a decir que mi mujer es una... alcohólica? –pregunta papá haciéndose de nuevas.

—Todavía no, pero llegará a serlo si sigue bebiendo más cada día —responde el señor Gerardo—. Y necesita ayuda.

—¡Basta de hablar de mí como si yo no estuviera! —grita mamá, enfadada.

Y empieza a disculparse.

—Puede que yo esté bebiendo más de la cuenta, pero es que me deprime haber perdido mi puesto de trabajo.

Añade, dirigiéndose a su marido:

—¿Te has parado a pensar cómo te sentirías si fueras tú el que estuviera en paro? Ni imaginármelo, quiero. Pues has de saber que el trabajo es tan importante para la mujer como para el hombre, y que yo me ahogo encerrada todo el día en la cocina. Tú te marchas y yo me quedo sola...

—¿Sola? ¿Es que el niño no cuenta? —replica papá.

—¿Cuenta para ti, que te pasas los meses sin aparecer por esta casa? —se lamenta mamá.

—¿Y para qué quieres que venga? ¿Para aguantar tus quejas? —insiste papá—.

Antes siempre estabas de buen humor y ahora no haces más que darle a la botella. Ya no eres la misma.

—Tú también has cambiado —suspira mamá.

—La culpa es del paro, de las circunstancias... —comenta papá.

Pero el señor Gerardo reparte responsabilidades.

—Usted también tiene parte de culpa —le dice a mamá— por acobardarse a la primera. Y usted —añade señalando a papá— por alejarse de su familia.

—Yo no quería que aceptase ese trabajo —afirma mamá.

Pero papá se justifica:

—Lo pagan bien. Y ahora, que sólo entra un sueldo en casa, nos hace falta ese dinero extra.

—Podríamos arreglarnos con menos —afirma mamá.

—Lo dudo. Tú eres una derrochona. Se te va el dinero de las manos como si tuvieras agujeros en las palmas. No te paras a mirar la peseta.

—Pues ¿y tú, que necesitas para tus gastos la mitad de tu sueldo?

La discusión se enreda y empieza a dar vueltas y más vueltas como una pescadilla que se muerde la cola: que si la depresión, la soledad y el vino; que si ya no me quieres; que eres tú el que ya ni me miras; que parece que el niño no te importe; que más que a ti, que sólo lo ves de tarde en tarde; que he aceptado en la empresa ese trabajo que nadie quería porque lo pagan bien y necesitamos el dinero; que echando las cuentas y mirando los gastos podríamos arreglarnos con menos; que eso no me lo creo...

Y vuelta a empezar, gritando cada vez más fuerte.

Hasta que el señor Gerardo da dos palmadas y reclama silencio:

—¡Un momento! La verdad es que aquí su hijo y yo no pintamos nada. Lo mejor que podemos hacer es dejarles solos, para que puedan seguir gritando hasta que se cansen y empiecen a hablar tranquilamente. Así que Mario y yo nos vamos al circo ahora mismo.

»Les recomiendo que dejen de echarse las culpas el uno al otro, que afronten la realidad serenamente y que busquen salida a todos sus problemas. Seguro que la encuentran. Pero eso sí, procuren darse prisa, porque la función termina a medianoche y les esperamos a las doce en punto a la puerta del circo, para tomarnos un chocolatito con churros los cuatro juntos, en buen amor y compañía.

Papá y mamá miran al señor Gerardo con la boca abierta, sorprendidos de su seguridad y su frescura.

Sin darles tiempo a reaccionar, el señor Gerardo continúa:

—¿Entendido? Pues no pierdan el tiempo, que les queda mucho por tratar antes de llegar a un acuerdo.

El señor Gerardo se levanta y dice:

—¿En marcha, cachorro?

—En marcha, amo –responde Mario.

Temeroso todavía, desde la puerta lanza un «¿hasta luego?» que más que una despedida es una pregunta.

Papá y mamá responden a coro:

—¡Hasta luego!

Y Mario respira.

El amo y el cachorro se lo pasan en grande en el circo, y papá y mamá acuden puntuales a la cita.

Claro que, después del chocolate con churros de esa noche en la feria, la vida sigue y en casa no todo marcha como Mario quisiera. Hay muchos altibajos. Papá tiene que seguir viajando, de momento, pero al menos vuelve todos los viernes y aparece alguna noche entre semana. Mamá se encuentra mal más de tarde en tarde, pero si llega papá de pronto, y la encuentra adormilada, se disgusta y se enfada. Discuten, pero ahora tardan menos en hacer las paces.

—No te quejes –dice el señor Gerardo–, que antes ni siquiera te hablaban.

Y tiene razón.

Las cosas van mucho mejor, y Mario empieza a confiar en que empiecen a ir bien del todo algún día.

Lo mismo pasa en el colegio. Mario se encuenta a gusto con sus compañeros, que ya no le llaman pequeñajo. Está aprendiendo más que nunca y hasta espera pasar el curso con buenas notas.

Por eso se extraña mucho una tarde de mayo cuando, al entrar en el parque, dice el señor Gerardo:

—Siéntate en el banco, cachorro, que hay que hacer los deberes.

—¿Deberes? –repite Mario.

—Tareas, ejercicios, deberes... ¡Como se llamen! Hablo de los trabajos que ponen los maestros para hacer en casa.

—¡Pero si ahora los hago todas las noches, y a veces hasta me ayuda mi madre!

El señor Gerardo tose, saca el pañuelo, titubea, y al fin se decide a hablar:

—No hablo de *tus* tareas, sino de *mis* tareas.

Ahora sí que Mario no entiende nada.

—De mis tareas, sí –sigue diciendo el señor Gerardo–. ¡No pongas esa cara! ¿Tiene algo de raro que un hombre de mi edad quiera saber lo que no pudo aprender de niño?

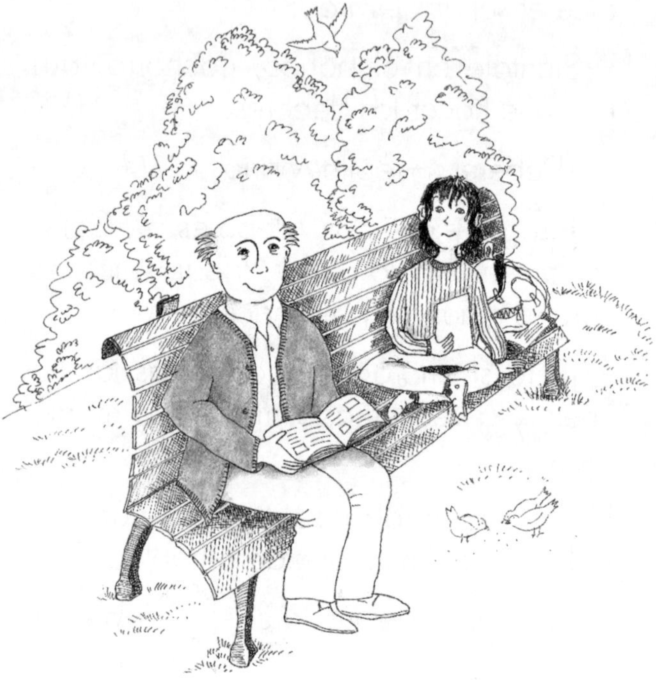

De raro, no. De admirable, mucho. Mario le mira, admirado.

—Pues sí. Has de saber que estoy asistiendo a una de esas «Aulas para la tercera edad», que mejor sería llamarlas «clases de párvulos con muchos años», que es lo que somos.

—¡Y yo sin saberlo! —comenta Mario.

—Es que quería darte una sorpresa.

¡El señor Gerardo y sus sorpresas!

—Todo empezó esa tarde —explica el amo— en que me pediste que te ayudara a hacer tus deberes. Al día siguiente me apunté al «Aula para la tercera edad» con la ilusión de aprender muy deprisa, adelantarte en los estudios y ayudarte. Pronto me di cuenta de que no te alcanzaría nunca, pero ya le había cogido el gustillo a las clases y seguí adelante.

»He aprendido mucho. Puedo leer de corrido hasta la letra pequeña, pero se me da mal la caligrafía. Ya lo notaste cuando rellenamos el impreso. Ni mi nombre sé poner en su sitio, con letras igualitas. En cambio, en mi clase hay una chavala que...

117

—¿Una chavala? —pregunta Mario.

—¡Bueno...! Es una chavala de mi edad. Tendrá unos setenta años —explica el señor Gerardo—, pero es muy lista y muchos jóvenes quisieran para sí las ganas de vivir que tiene ella.

»Pues lo que te iba diciendo. Esa chavala se inventa coplas y las trae a clase, escritas con una letra que da gloria verla. Antes no sabía leer ni escribir, y cuando se inventaba una copla tenía que ir corriendo a casa de una vecina, para que se la copiara en un papel, y después volvía muchas veces para que la vecina se la releyera hasta aprendérsela de memoria. Tenía muchas coplas en la cabeza, pero se le olvidaban otras, y le daba mucha pena perderlas. Desde que sabe leer y escribir, las apunta enseguida y las tiene todas en un cuaderno, copiadas de su puño y letra, y hasta sueña con verlas algún día en letras de imprenta.

»Yo no aspiro a tanto. Me conformo con que las palabras no se me pongan a bailar sobre el papel, pero no lo consigo y me aburro de hacer palotes.

—¿Palotes? —preguntó Mario.

Por toda respuesta, el señor Gerardo le enseña a Mario un montón de papeles llenos de rayitas desordenadas.

—¿Eso son palotes?

—¡Claro! —explica el señor Gerardo—. Así nos enseñaban a escribir en mis tiempos. Cuando los palotes nos salían derechitos, nos ponían a copiar letras.

—¡Qué aburrido! No me extraña que se canse haciendo rayas sin ton ni son. Eso de los palotes ya no se usa. Ahora se empieza pintando.

Mario se mete con ilusión en el nuevo juego y, en un instante, pasa de cachorro a maestro.

—¡Pruebe usted a pintar una casa, a ver cómo le sale! —añade.

El señor Gerardo empuña el bolígrafo pero lo aprieta con tanta fuerza que rompe el papel y se le queda la mano agarrotada. Traza una raya y después otra y se para, agotado.

—¡Muy bien! —le anima Mario—. Ya está el tejado. Descanse ahora y esta noche, con calma, termina de pintar la casa. Puede llevarse mi estuche de dibujo para colorearla. Ya sabe: las tejas, rojas; las persianas, verdes; las ventanas, azules; la puerta, marrón oscuro...

—¿Y pintando casas aprenderé a poner Gerardo Perales Minglanillo, de corrido?

—Y todo lo que usted quiera —responde Mario—. En cuanto se le suelte la mano y controle el bolígrafo, escribirá mejor que la chavala de las coplas.

Mario le da al señor Gerardo un cuaderno nuevo y sus lápices de colores, y pasa a otro asunto.

—Escúcheme bien, que yo también tengo algo importante que decirle. Resulta que Raúl habló de usted con el profe y le dijo que usted se conocía todos los árboles del mundo...

—¡Del mundo, no! Del parque, seguro —aclara el señor Gerardo.

—Con eso basta —dice Mario—. Raúl añadió que de pájaros sabía usted un rato largo. El profe me ha encargado que le pida que nos acompañe como guía en una visita de Conocimiento del medio por el parque.

El señor Gerardo comenta, divertido:

—Parece que esta primavera florecen las tareas. ¡Surgen por todas partes!

—Raúl —continúa diciendo Mario—, desde el primer día, está deseando venir de paseo con nosotros. Y para salirse con la suya no se le ha ocurrido nada mejor que interesar al profe y buscar el apoyo de la clase. Ahora están todos muy alborotados, proyectando una excursión de un día entero, con autobús a la puerta del colegio, y mochila llena de bocadillos y refrescos. Y usted a la cabeza de toda la patulea, nombrando árboles, jugando con las ardillas y sorprendiendo a los pájaros. ¡Hasta el profe está dispuesto a callarse para escuchar el canto del picorreal cuanto usted lo ordene!

Antes de aceptar, el señor Gerardo quiere saber la opinión de Mario.

—Y a ti ¿qué te parece la idea?

—¡Muy bien! —responde Mario—. Porque es usted un guía estupendo.

—Pues por mí, que no quede —decide el señor Gerardo—. Puedes decirle a tu profesor que fije fecha y hora, que yo estaré ese día puntualmente en la puerta del parque con mis bocadillos. ¡A ver si les da por cantar al mirlo y al picorreal en el momento justo!

—¡Seguro! —confía Mario.

A Mario le parece que, de pronto, el mundo se agranda y se asegura. La casa familiar es cada vez más grata. El profesor le confía encargos, Raúl presume de ser su amigo y los demás compañeros y compañeras de clase le aceptan sin problemas. También están muy cerca el señor Gerardo y la chavala de setenta años que hace coplas, y la fauna y la flora del parque, y los palotes.

Mario pasa a pensar en las tareas, en las propias y en las ajenas, y en todas las tareas que le irán saliendo en adelante. Se estira y respira hondo, satisfecho, porque se siente con ánimos para cumplirlas todas.

Alegremente. Seriamente. Como en los juegos.

El señor Gerardo se guarda en el bolsillo de las migas los papeles y el estuche de lápices, se levanta del banco, apoya una mano en el hombro de Mario y dice:

—¿Vamos, cachorro?

El invento funciona y el juego sigue. La vida sigue.

—¡Vamos! —responde Mario esperanzado.

ÍNDICE

1. El anuncio 7

2. El parecido 17

3. La llamada 29

4. El encuentro 41

5. El primer paseo 51

6. Tardes de sol y lluvia 61

7. El miedo del cachorro . . .73

8. La Constitución y el invento 93

9. El juego sigue 107

TÍTULOS DE LA COLECCIÓN

1. **El Guardián de Senderos**
Concha López Narváez/Carmelo Salmerón

2. **La casa de las cuatro chimeneas**
Juana Aurora Mayoral

3. **Cuando sea mayor**
Alfredo Gómez Cerdá

4. **Elecciones en Zoolandia**
Antonio Manuel Fabregat

5. **Un mago de cuidado**
Mercé Viana

6. **Viaje al país de los Cocólitos**
Josep Antoni Fluixà

7. **Pepo y el delfín rosa**
Isabel Córdova

8. **Chilam y los señores del mar**
Carlos Villanes Cairo

9. **Poli y la bruja majadera**
Blanca García Valdecasas

10. **Animal de compañía**
Montserrat del Amo

11. **El Extraño Señor de las Nubes**
Carlos Murciano

12. **El memoriápodo**
Ana María Romero Yebra

13. Andrea y Andrés
Concha López-Narváez
14. Jo, ¡qué fantasma!
Fernando Almena
15. La peseta de Birlibirloque
Lucía Baquedano
16. El enigma de la ciudad del metro
Juan Miguel Sánchez-Vigil
17. El sabio Cirilo
Mercè Viana
18. El canto de las alondras
Juana Aurora Mayoral
19. La masía encantada
Lola Herrero
20. Anadia, la ciudad sumergida
Josep Franco